LES

JEUNES VOYAGEURS EN ASIE,

PREMIÈRE PARTIE,

CONTENANT LA TURQUIE D'ASIE, L'ARABIE, LA PERSE ET L'INDE.

TOME SECOND.

LES

JEUNES VOYAGEURS EN ASIE,

PREMIÈRE PARTIE,

CONTENANT LA TURQUIE D'ASIE, L'ARABIE, LA PERSE ET L'INDE.

TOME SECOND.

PARIS, IMPRIMERIE DE GAULTIER-LAGUIONIE,
HÔTEL DES FERMES.

LES JEUNES VOYAGEURS EN ASIE,

OU

DESCRIPTION RAISONNÉE

DES DIVERS PAYS COMPRIS DANS CETTE BELLE PARTIE DU MONDE,

Contenant des détails sur le sol, les productions, les curiosités, les mœurs et coutumes des habitans, les hommes célèbres de chaque contrée, et des anecdotes curieuses.

Avec une Carte générale de l'Asie, six Cartes particulières, et seize Gravures en taille douce.

PAR P. C. BRIAND,

Auteur des Jeunes Voyageurs en Europe.

TOME SECOND.

A PARIS,

CHEZ HIVERT, LIBRAIRE,

QUAI DES AUGUSTINS, N. 55.

1829.

PARIS, IMPRIMERIE DE GAULTIER-LAGUIONIE,
HÔTEL DES FERMES.

LES
JEUNES VOYAGEURS
EN ASIE,

OU

DESCRIPTION RAISONNÉE

DES DIVERS PAYS COMPRIS DANS CETTE BELLE PARTIE DU MONDE,

Contenant des détails sur le sol, les productions, les curiosités, les mœurs et coutumes des habitans, les hommes célèbres de chaque contrée, et des anecdotes curieuses.

Avec une Carte générale de l'Asie, six Cartes particulières, et seize Gravures en taille douce.

PAR P. C. BRIAND,
Auteur des Jeunes Voyageurs en Europe.

TOME SECOND.

A PARIS,
CHEZ HIVERT, LIBRAIRE,
QUAI DES AUGUSTINS, N. 55.

1829.

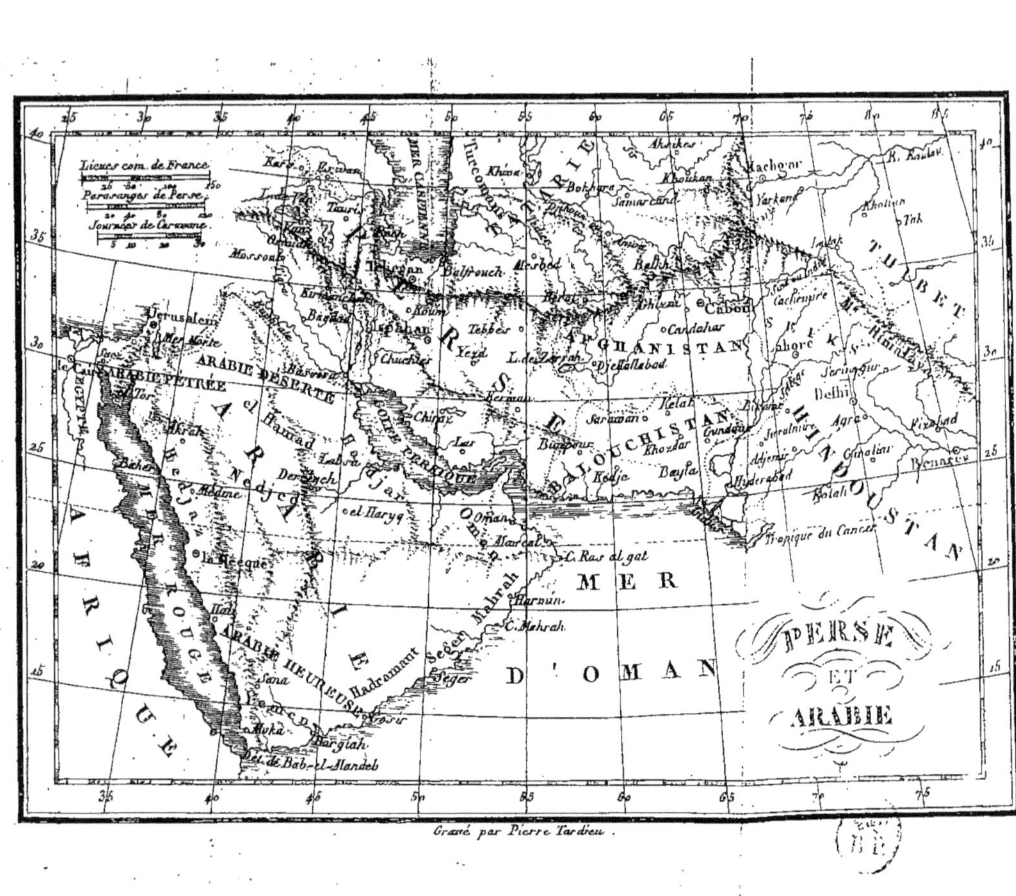

Gravé par Pierre Tardieu.

LES

JEUNES VOYAGEURS

DANS

LA TURQUIE D'ASIE,

L'ARABIE, LA PERSE ET L'INDE.

LETTRE VI.

Arabie-Heureuse. — Aden. — Moka. — Mouab L'Yemen. — Sana. — Le Hajar.

La distinction admise, parmi les géographes, des trois Arabies : l'*Heureuse*, la *Déserte* et la *Pétrée*, est inconnue aux Orientaux. Elles forment ensemble une manière de presqu'île, la plus grande de toute l'Asie, bornée à l'orient par le golfe

Persique, à l'occident par la Mer-Rouge, et simplement appelée Arabie. Suivant la distinction reçue en Europe, nous visitâmes d'abord le pays que la fertilité de son territoire, la beauté de son climat, et l'activité de son commerce, ont fait nommer l'Arabie-Heureuse. *Aden* est la première place où nous nous sommes arrêtés. C'est une ville forte, assez peuplée, mais mal bâtie. On y voit cependant des édifices publics d'une grande beauté, et des débris qui semblent annoncer l'ancienne magnificence de ses palais. Son port qui est vaste et sûr, est comme le rendez-vous de toutes les nations. Européens, Turcs, Africains, Persans, Indiens même, tout y abonde en foule; et cette succession continuelle, ce flux et reflux de nations différentes, diversifiées d'ailleurs par la singularité de leurs mœurs, de leurs vêtemens, forment un spectacle que les ports les plus fréquentés de l'Europe n'offrent jamais.

Le peuple d'Aden, sans manquer de

cette vivacité qui caractérise les Orientaux, est néanmoins doux et civil; et quoiqu'il fasse sa principale occupation du commerce, il aime et cultive les sciences. Les Arabes, comme presque tous les peuples, se croient la première nation du monde, et se préfèrent modestement à toutes les autres, tout en avouant que les commencemens de leur histoire sont obscurs, et qu'ils ignorent jusqu'au nom de leurs premiers souverains. L'opinion la plus générale parmi eux, est que leurs ancêtres descendent d'Ismaël, fils d'Abraham et d'Agar. Ils furent gouvernés d'abord, ainsi que toutes les autres nations, par les chefs de famille; mais l'espèce humaine venant à se multiplier insensiblement, les plus forts, comme il arrive d'ordinaire, asservirent les plus faibles, et peu à peu l'Arabie se trouva partagée en différens états, dont les chefs se firent une guerre cruelle pendant plusieurs siècles.

Ces discussions eurent cet avantage qu'elles aguerrirent si bien les Arabes, que ni les Cambyse, ni les Cyrus, ni les monarques qui régnèrent à Ninive et à Ecbatane, ne purent les asservir. Cette gloire était réservée à Alexandre qui conquit en effet l'Arabie en assez peu de temps. Après la mort du conquérant qui pensait, dit-on, à y transférer le siége de son empire, ces peuples profitèrent des divisions de leurs vainqueurs, secouèrent le joug des Grecs, et rendus à eux-mêmes, ils se choisirent de nouveau des rois de leur nation.

Cette forme de gouvernement subsista jusqu'au siècle d'Auguste, qui réduisit les Arabes sous la domination romaine. Depuis ce moment, ce peuple sembla languir dans une honteuse obscurité; mais au milieu du seizième siècle, vers la fin du règne de l'empereur Justinien, il parut un de ces hommes qui, né pour changer la face du monde, porta jusqu'au centre de l'Asie, qu'il remplit du bruit de son nom, la gloire et la religion des Arabes.

Cet homme singulier, ce pontife législateur et conquérant, ce célèbre imposteur qui, de simple marchand, devint le monarque de l'Arabie ; ce fondateur d'un empire florissant, dont les débris ont formé diverses monarchies puissantes ; ce génie vaste qui, sans le secours des sciences humaines, a effacé la gloire des plus habiles politiques ; ce prophète renommé, auteur d'une religion qui, par son étendue, le dispute au christianisme ; ce destructeur de tant de royaumes, qui inonda la terre de sang, et qui chercha à détruire tout ce que les hommes avaient acquis de lumières et de connaissances ; ce monstre et ce grand homme est le fameux Mahomet qui, né dans le sein de l'obscurité, parvint à force d'hypocrisie, de bravoure et de bonheur, à s'élever jusqu'au souverain pouvoir qu'il eut la gloire de conserver dans sa maison. L'impulsion donnée aux Arabes par Mahomet fut telle, que sous ses successeurs ils parcoururent, sous différens noms, l'Asie, l'Europe et l'Afrique, et conquirent plus de provinces dans l'espace de deux siècles, que les Romains n'en soumirent durant plus de cinq cents ans. Je reviens à la description d'*Aden*.

Cette ville, ruinée d'abord, rebâtie ensuite par les Romains, et dévastée depuis par les guerres entre les Turcs et les Portugais, est assise au pied d'une haute montagne qui, se courbant en forme de cercle ou d'ovale, l'environne presque entièrement. Elle est entourée d'une muraille assez faible, surtout du côté de la mer; mais elle est défendue de ce même côté, par des redoutes et des batteries dont le canon est de fonte et fort gros. On ne peut entrer dans Aden, du côté de la terre, que par un chemin étroit qui, joignant la ville au continent, s'avance assez loin dans la mer en forme d'isthme ou de langue de terre.

On y entre en venant de mer, par une vaste baie dont l'ouverture est d'environ huit à à neuf lieues, et qui se divise en deux branches dont l'une a plus d'étendue que l'autre. Celle qui est plus proche de la ville, et qui forme proprement le port, a une lieue de longueur. On y mouille partout à dix-huit, vingt et vingt-deux brasses. Les plus gros vaisseaux peuvent y aborder.

Aden est composée d'environ six mille maisons, dont plusieurs sont à deux étages, avec des toits en forme de terrasse; mais il y en a peu de belles. Le palais du gouverneur, sans avoir rien de bien magnifique, frappe néanmoins par un air de grandeur, qui éblouit au premier coup-d'œil. Nous ne vîmes, dans l'intérieur de ce palais, ni glaces, ni dorures, ni aucun des colifichets qui décorent les appartemens d'Europe. De superbes tapis de Perse, des tables de porphyre, des vases de prix, d'où s'exhalent sans cesse l'aromate et le parfum le plus exquis, font tout l'ornement de ce séjour, d'où l'on découvre d'ailleurs tout ce que la terre et la mer peuvent offrir aux yeux de plus agréable et de plus varié.

L'édifice le plus remarquable est celui des bains publics, que la chaleur rend nécessaires, et que la religion consacre dans ce pays. On voit peu de morceaux, même en Égypte, qui lui soient comparables. Il est couronné d'un dôme à jour, orné en dedans de galeries superbes, soutenues par des colonnes de toute beauté. Tout le bâtiment est parfaitement bien distribué en chambres, cabinets, pièces voûtées, qui aboutissent toutes à la salle principale du dôme. Cette salle est revêtue partout de jaspe et de marbre. Des bassins, d'où jaillit sans cesse une eau pure et limpide, y entretiennent en tout temps une délicieuse fraîcheur. Tout concourt à orner cet édifice qui, s'il n'est pas l'ouvrage des Romains, est certainement très digne, et tout-à-fait dans le goût de ces maîtres du monde. On voit aussi à Aden quelques beaux bazars, abondamment fournis de toutes espèces de marchandises et de denrées. Cette ville, autrefois soumise au grand-seigneur, est aujourd'hui sous la domination du roi d'Yemen.

Nous partîmes d'Aden dans les premiers jours du printemps, et marchant à petites journées, nous arrivâmes à *Moka*, dont le nom flatte agréablement l'oreille des amateurs de café, bien qu'elle n'en produise d'aucune espèce. Cette ville, située sur le bord de la Mer-Rouge, à quelque distance du détroit de Bab-el-Mandel, est moins considérable qu'Aden; on y compte environ dix mille habitans. Son port est formé par deux langues de terre qui, se courbant d'un côté, se rapprochent de l'autre en forme de croissant. Sur les deux points de ce croissant, on a bâti des forts pour défendre la rade, dont l'entrée a environ une lieue de largeur. Les gros vaisseaux peuvent y mouiller; mais ils ne sauraient arriver dans le port, qui n'est pas assez profond pour les recevoir. Le palais du gouverneur est superbe; les environs de la ville sont tristes et stériles, et sans la bonté de son port, Moka qui fait quelque commerce, ne serait qu'une bourgade inconnue.

Nous y fîmes cependant quelque séjour, et nous nous rendîmes ensuite à *Mouab*, où l'iman tenait alors sa cour. Cette ville, située sur une éminence qui domine la plaine de Damar, est, ainsi que plusieurs châteaux des environs, l'ouvrage d'un des derniers rois qui aimait beaucoup à bâtir. Mais quoiqu'il eût du génie, et même une connaissance assez étendue des règles de l'architecture, il manquait de goût : et pourvu que les appartemens fussent vastes, il s'inquiétait peu de la distribution. Cependant une maison de plaisance qu'il affectionnait fort, et qui n'est éloignée que d'une lieue de Mouab, paraît être d'un dessin assez correct. Aussi l'appelle-t-on le Palais des Graces, et le roi la regardait comme son chef-d'œuvre.

Il n'en est pas ainsi du palais bâti dans la ville de Mouab. Il se compose de deux grandes ailes, qui forment un carré immense; mais on n'y remarque ni goût, ni proportion, ni régularité. Les dedans ne sont pas mieux soignés que les dehors. L'appartement du monarque même n'est tapissé que d'une simple indienne de la hauteur de cinq à six pieds. Ce prince est mis lui-même fort simplement. Cela vient sans doute de ce que le roi d'Yemen est en même temps monarque et pontife; car les ministres de la religion mahométane ont pour principe d'affecter une grande modestie dans leur logement et dans leurs habits. Le mufti même, quoique chef souverain de la religion, et l'interprète de la loi, vit sans faste, et se contente des respects attachés à sa dignité de grand prêtre.

Cependant il est des jours où le souverain se montre au peuple dans toute la pompe de la majesté royale. Nous en fûmes témoins un vendredi que le prince allait à une mosquée qui est aux environs de Mouab. La marche commençait par un corps d'infanterie composé de mille soldats, qui firent une décharge en sortant du palais. A la suite marchaient deux cents cavaliers de la garde du roi, richement vêtus et très bien montés. A quelque distance paraissait le monarque, monté sur un cheval blanc tout éclatant de pierreries. Il était précédé d'un officier à cheval, portant l'Alcoran dans un sac rouge, et suivi d'un autre officier aussi à cheval, tenant le sabre de sa majesté, dont la poignée et le fourreau sont très riches. Aux côtés du monarque flottait un magnifique étendard vert, qu'on appelle *l'étendard du roi*. Cinquante chevaux de main, tout brillans d'or, et cinquante chameaux richement caparaçonnés, formaient la marche, pendant laquelle les tambours ne cessèrent de battre, les trompettes de sonner et les hautbois de jouer. Le retour de cette cavalerie eut quelque chose de très piquant, par les évolutions de l'infanterie, et les joutes des cavaliers qui, courant l'un sur l'autre à bride abattue, présentèrent au peuple l'image d'un combat régulier. Ces exercices durèrent jusqu'au coucher du soleil, après lequel les troupes, ayant fait une salve d'artillerie, se retirèrent en bon ordre, au bruit des tambours et des fanfares.

Tel est le faste qu'étale la cour d'Yemen dans les jours de cérémonie. Quant à la vie privée du roi, rien de plus uni. Il se lève dès que le jour paraît; il dîne à neuf heures, se recouche à onze, se relève à deux. A trois heures il se promène ou entre au conseil; il soupe à cinq, et est toujours couché à onze heures. Cette étiquette est invariable. A deux heures lorsqu'il se relève, les tambours battent, les troupes prennent les armes, c'est le moment de la parade, et celui où les grands sont admis à lui baiser la main.

Mouab est une véritable bicoque, on n'y voit pas une mosquée, ni même une maison construite en pierres. Mais la résidence ordinaire des rois d'Yemen est *Sana*, capitale du royaume. Cette ville, située au pied du mont Nikkum, est grande et belle. Mille débris précieux, épars çà et là, prouvent qu'elle a souffert de l'absence des rois, qui de temps à autre l'ont en quelque sorte abandonnée. Néanmoins on y voit encore de fort beaux palais et un grand nombre de mosquées superbes. Les maisons sont hautes et bâties en pierres, et si les rues étaient propres, on pourrait la comparer aux plus jolies villes de l'Orient. On l'assimile à Damas pour la beauté de ses jardins et la fraîcheur de ses eaux. Elle est bien fortifiée, et ses murs sont d'une extrême épaisseur. Au milieu de la ville s'élève une colline sur laquelle l'ancien palais des rois était situé. On ne voit plus que les ruines de ce palais, mais elles suffisent pour mettre à même de conjecturer la grandeur et la somptuosité qui le distinguaient des édifices de ce genre. Sana a cela d'agréable que rien n'égale la beauté de ses environs. Vergers, prairies, bocages, vallons délicieux, tout semble fait pour récréer la vue. L'air y est toujours tempéré, les arbres s'y couvrent en tout temps, les uns de fleurs, les autres de fruits; on y jouit d'un printemps éternel, ou plutôt le printemps et l'automne semblent s'y confondre et ne former qu'une seule saison.

Si l'on en croit les auteurs anciens, l'or était très commun en Arabie. L'Écriture même en fait mention, mais ses habitans n'en ont pas la moindre connaissance. Ce pays est au reste assez riche de son propre fonds pour se passer des trésors subsidiaires. En effet, sans parler des pierres précieuses et des aromates dont on sait que la reine de Saba, qui régnait dans l'Yemen, fit de si riches présens au roi Salomon, le pays abonde en riz, blé, fruits et légumes qui valent ceux de l'Europe. On y voit aussi grand nombre de bestiaux, et des vignes, dont le jus, au mépris de la loi de Mahomet, égaie de temps en temps la gravité des Arabes. Mais la véritable richesse de ce pays est le café, et c'est la principale et la meilleure branche du commerce qui s'y fait.

Le royaume d'Yemen, à l'exclusion de toute autre contrée de l'Arabie, produit l'arbre du café. Cet arbre s'élève depuis six jusqu'à douze pieds. Sa largeur est de dix, douze et même quinze pouces de circonférence. Comme il s'étend en rond, et que ses branches inférieures se courbent ordinairement, il a presque toujours, du moins à un certain âge, la figure d'un parasol. Son écorce est blanchâtre, et un peu raboteuse; sa feuille, qui est d'un vert foncé, approche de celle du citronnier; sa fleur est blanche, et partagée en cinq petites feuilles, comme celle du jasmin. L'odeur de cette fleur est agréable, elle a même quelque chose de balsamique, mais le goût en est un peu amer.

Le café vient de semaille, et non de bouture; il est toujours vert et ne perd jamais toutes ses feuilles à la fois. Il aime les terrains bas et humides; aussi le voit-on en abondance au pied des montagnes et le long des ruisseaux; ce qui forme des paysages charmans, et des perspectives admirables. Celui qui croît dans les plaines, vient toujours à l'abri de grands arbres, dont l'ombre lui procure la fraîcheur dont il a besoin. On en voit cependant fructifier en plein air sans ce secours; mais ce n'est qu'à force de les abreuver, et sous des climats tempérés.

Lorsque la fleur du cafier tombe, elle est remplacée par un petit fruit, qui est d'abord très vert, rougit en mûrissant, et devient à peu près semblable à une grosse cerise. On trouve sous la chair, au lieu de noyau, la féve ou la graine qu'on appelle *café*. Cette féve est enveloppée d'une pellicule très fine; elle est tendre alors, et d'un goût désagréable; mais elle acquiert de la dureté peu à peu, et lorsque le soleil a tout-à-fait desséché la cerise, sa chair qu'on mangeait auparavant, devient une gousse d'une couleur assez brune, qui forme la première écorce ou l'enveloppe du café. La féve est alors solide et d'un vert fort clair. Chaque gousse ne contient qu'une féve, qui se partage ordinairement en deux moitiés, et chaque moitié est un grain de café. Les Arabes emploient utilement l'écorce du café: ils la font rôtir à demi, la jettent avec un peu de pellicule dans un vase d'eau bouillante, et en tirent, quelques momens après, une liqueur agréable, qui est, dit-on, la boisson ordinaire des seigneurs et des gens aisés. On l'appelle *café à la sultane*.

Comme le cafier a la propriété singulière de porter en même temps des fleurs et des fruits, dont quelques-uns sont verts, tandis que d'autres sont en maturité, on fait chaque année trois récoltes. Celle du mois de mai est la plus abondante et la plus estimée. Rien de plus simple que la manière dont se font les cueillettes; on étend de grands linges sous l'arbre, un homme adroit le secoue légèrement, et le café qui est mûr, se détache et tombe sans effort. Quand on l'a recueilli, on l'étend sur des nattes, pour le faire sécher au soleil; et dès que les gousses paraissent disposées à s'ouvrir, on les brise en faisant passer par-dessus des rouleaux de pierre ou de bois, ce que les Arabes exécutent avec beaucoup d'adresse et de célérité.

Lorsque le café est dégagé de ces écorces,

on l'expose de nouveau au soleil, parce-qu'il est encore vert, et que s'il n'est pas bien sec, il est en danger de se gâter sur mer. On le vanne ensuite pour le nettoyer, après quoi on l'emballe pour le porter au marché. Quoiqu'il y ait peu de contrées dans l'Yemen où l'on ne recueille du café, il ne croît cependant en abondance que dans les environs de Sana et de Beit-el-Faqui. C'est surtout dans ce dernier canton que se trouvent les plus beaux cafiers, ceux dont le fruit passe pour le meilleur de l'Yemen, et est le plus estimé.

Beit-el-Faqui est une ville considérable et peut-être la mieux bâtie de l'Arabie. Les maisons y sont de brique; la plupart sont à deux étages et couvertes en terrasses; on y voit quelques palais, et de très belles mosquées dont les minarets sont blanchis en dedans et en dehors. La ville n'a point de murailles, mais à une portée de mousquet on voit un assez joli fort qui lui sert de citadelle. Il y a dans ce fort un puits dont l'eau, semblable à nos eaux minérales de Bourbonne-les-Bains, est brûlante au moment où on la tire, en sorte qu'il est impossible d'en boire alors; elle devient très bonne et très fraîche lorsqu'elle a reposé quelques heures, surtout pendant la nuit.

Un des édifices les plus remarquables de Beit-el-Faqui est le bazar, situé au milieu de la ville. Il est vaste et occupe deux grandes tours entourées de galeries couvertes. On ne saurait croire combien il s'y débite de café. Les habitans de la campagne qui y trouvent leur compte, y en portent chaque jour de grandes provisions; mais on dit qu'ils sont bien plus rusés qu'autrefois. L'affluence des étrangers que la réputation de cette denrée y attire, leur a ouvert les yeux sur le parti qu'ils en pouvaient tirer, et a produit un enchérissement considérable. Beit-el-Falqui est aujourd'hui le lieu d'entrepôt de tout le café de l'intérieur, et le marché le plus renommé de l'Arabie-Heureuse. Elle doit cet avantage à *Hodeida* qui est son port, et d'où se fait la plus grande exportation du café. On en trouve aussi beaucoup à *Lohéia*, mais il est d'une qualité inférieure.

L'usage du café ne remonte pas au-delà du quinzième siècle, même parmi les Arabes ; un mufti d'Aden usa de cette liqueur dans une maladie, et en éprouva des effets salutaires. Son exemple la mit en réputation, et l'on établit des maisons pour le débiter publiquement. La jeunesse s'y assemblait en foule, mais un shérif de la Mecque défendit cette boisson sous des peines rigoureuses, et fit fermer tous les cafés publics. Cette persécution ne fit qu'augmenter le goût des Arabes pour cette liqueur. Si l'on en croit les Mémoires de l'Académie des Sciences de Paris, l'origine de l'usage du café est due au prieur d'un monastère de religieux dans cette partie de l'Arabie où croît l'arbuste qui porte ce fruit. Le prieur ayant remarqué que les chèvres qui en mangeaient étaient extrêmement vives, résolut d'en faire prendre à ses moines, afin de réveiller ces pauvres diables qui le plus souvent s'endormaient à matines. Quoi qu'il en soit, l'usage du café est aujourd'hui universel; apporté en France par un ambassadeur turc, il a passé de là dans tous les autres pays de l'Europe.

L'*Yemen*, royaume moins puissant qu'il ne l'était autrefois, est la plus belle province de l'Arabie. Le souverain, qui est en même temps chef de la religion du pays, a d'abord pris le titre d'iman, qui, en Arabie comme en Perse, parmi les adhérens des sectes zéidite et schiite, désigne un docteur, un successeur du grand prophète. Les imans d'Yemen ont aussi pris, du moins sur leurs monnaies, le titre plus imposant de prince des fidèles, *Emir-al-Mumenin*. Le trône de l'iman est héréditaire. L'iman ou émir y est indépendant, et ne reconnaît aucun supérieur ni spirituel ni temporel. Il a le droit de faire la paix et la guerre, et pourrait gouverner en despote, s'il avait affaire à des sujets moins surveillans ; mais le fier et brave Arabe ne supporte jamais le moindre abus du pouvoir. L'iman ne peut priver de la vie qui que ce soit, pas même le juif ni le païen, à moins que le prévenu n'ait été mis en jugement devant le tribunal de Sana, dont l'émir n'est que le président. Telle est la susceptibilité du peuple arabe à l'égard de ses droits, qu'il ne balancerait pas à détrôner l'iman dont la conduite paraîtrait tendre au despostime.

La force armée, en temps de paix, est de quatre mille hommes d'infanterie, et de mille de cavalerie. Les soldats, suivant l'usage de l'Orient, n'y ont point d'uniforme ; ils ne connaissent aucune espèce de tactique, et savent à peine manier un fusil. L'Yemen n'a point de marine, car on ne peut pas qualifier de ce nom quelques vaisseaux grossièrement construits, dont les voiles sont faites avec des nattes.

La principale production de l'Yemen est le café; mais indépendamment de cette denrée qui est la véritable richesse de ce pays et la base de son commerce, il exporte l'aloès, la myrrhe, l'oliban ou l'encens de qualité inférieure, le séné, l'ivoire et l'or de l'Abyssinie. Les objets que l'Yemen tire de l'Europe sont le fer, l'acier, des canons, du plomb, de l'étain, de la cochenille, des miroirs, des couteaux, des sabres, du verre taillé et des perles fausses. C'est dans les manufactures tenues par les juifs que se fabriquent les ouvrages d'or et d'argent, et même la monnaie. Il se fait quelques mousquets dans le pays, mais ils sont loin d'approcher du mérite de ceux d'Europe. On trouve dans quelques villes de l'Yemen des fabriques de toiles, la plupart grossières. Moka est le seul endroit où il y ait une verrerie. Cinq mille familles juives exercent dans ce royaume un commerce très actif; mais bien que les Arabes n'aient ni cette industrie, ni cet esprit mercantile propre à rivaliser les juifs, ils en sont extrêmement jaloux et les persécutent autant qu'il est en leur pouvoir de le faire impunément.

L'Yemen se divise en pays haut, nommé en arabe *Djébal*, et en pays bas appelé *Tehama*. Les places dont il a déjà été fait mention sont situées dans ce dernier. Le Djébal en renferme quelques autres qui font partie des possessions de l'iman, et parmi lesquelles on compte *Doran*, remarquable par ses vastes magasins de blé, taillés dans les rochers; *Damar*, où les zéidites ont leur grande université; *Djobla*, dont les rues sont belles et bien pavées; *Taéz*, où l'on voit de superbes mosquées, et *Cousma*, où l'on ne parvient qu'à l'aide d'escaliers, plus ou moins élevés, selon le côté par lequel on arrive au pied de la montagne sur laquelle elle est située.

Le *Djébal* comprend aussi divers cantons indépendans, entre autres, celui de *Sahan*, dont *Saade* est le chef-lieu. On y trouve en abondance des fruits, des raisins et quelques mines de fer exploitées. Les habitans de cette province communiquent peu avec les étrangers. Leur nourriture se compose de viande, de miel, de lait et de légumes. Ils ont l'habitude de se marier plus tard que les autres Arabes, et parviennent peut-être par cette raison à un âge avancé. Ils ont aussi l'avantage de conserver la vue pleine et entière jusqu'à la fin de leurs jours. Le brigandage est leur métier, ce qui ne les empêche pas d'exercer l'hospitalité. A trois journées de Saade est un autre canton appelé *Hedjeran*, situé dans un territoire agréable, abondamment arrosé, et conséquemment fertile. Il produit du blé, du fruit et surtout des dattes; mais ce n'est qu'un petit domaine, comparé à un autre canton connu sous le nom d'*Has-*

chid-oul-Békil, dont les sheics nombreux forment une confédération très redoutée.

La région, que les Européens appellent *Arabie-Heureuse*, renferme encore divers pays dont quelques-uns portent le titre de royaume. De ce nombre sont le Fartash, l'Hadramaut et l'Oman. Le *Fartash* est sur l'Océan indien ; il produit du café, de la gomme et des aromates. Sa capitale du même nom jouit de l'avantage d'un bon port, et fait un commerce assez considérable.

L'*Hadramaut* situé sur le même Océan, est également fertile en mêmes productions. Il a pour capitale *Mareb* où l'on trouve de fort belles agates. On cite aussi *Doan*, comme une ville fort grande et jolie, mais si avancée dans l'intérieur que les voyageurs ne se sont pas encore avisés de la visiter. Du reste, ce royaume offre, en plusieurs endroits, des contrées montagneuses qui n'en sont pas moins fertiles, et des vallons bien arrosés par les eaux qui tombent des montagnes. Ce pays a différens ports, d'où l'on exporte pour Mascate et pour les Indes de l'encens, de la gomme, de la myrrhe, du sang de dragon, de l'aloès ; et pour l'Yemen des toiles, des tapis, et de grands couteaux nommés *jambea* que les Arabes portent à leur ceinture.

L'*Oman*, situé sur le détroit d'Ormuz et sur l'Océan indien qui prend de ce pays le nom de *Mer d'Oman*, passe pour le plus fertile canton de l'Arabie. *Mascate*, sa capitale, est une assez grande ville, au fond d'un golfe, environnée de rochers escarpés qui mettent les vaisseaux à l'abri de tous les vents. Des deux côtés de ce beau port, on a construit de petits forts qui, soutenus de batteries de canon, lui servent souvent de défense. Mascate est l'entrepôt des marchandises de l'Arabie, de la Perse et de l'Inde. Partout où la place n'est pas défendue par la nature, elle est fortifiée par de bonnes murailles. *Rostac* est le lieu de résidence de l'iman d'Oman, qui passe pour le plus puissant prince du pays.

Les habitans de ce royaume sont regardés comme les meilleurs marins de l'Arabie. Ils ont de petits vaisseaux marchands appelés *Trankis*, dont les voiles sont de toile comme en Europe. Ces navires sont très larges à proportion de leur longueur, très bas par devant, très hauts par derrière. Ils ont cela de particulier, que les planches n'en sont point clouées, mais liées et comme cousues ensemble. Le prince fait le commerce; il a quelques vaisseaux armés qui, chaque année, lui apportent des cargaisons d'esclaves, des dents d'éléphant et d'autres marchandises de l'Afrique. La plupart de ses soldats sont des esclaves caffres.

Le *Hajar* ou *Lahsa*, province qui borde à l'ouest le golfe Persique, fait aussi partie de l'Arabie-Heureuse. La tribu connue sous le nom de *Benikhaled* en possédait la souveraineté, mais elle est aujourd'hui sous le joug des *Wahabis*, nouvelle secte qui doit son existence à l'ambition et au fanatisme, et dont la puissance embrasse tout le vaste désert compris entre la Mer-Rouge et le golfe Persique, et les environs d'Alep et de Damas. On ne connaît l'origine et les progrès de cette secte que très imparfaitement; tout ce qu'on en a pu savoir n'a d'autre fondement qu'une tradition répandue dans l'Arabie et surtout dans l'Yemen.

On y raconte qu'un pauvre pasteur nommé Suleiman vit en songe une flamme, qui sortait de son corps et se répandait au loin, dévorant tout ce qui se rencontrait sur son passage. Il consulta les devins sur le sens de cette vision, et la réponse fut qu'elle présageait la fondation d'une puissance nouvelle qui serait établie par son fils. La prédiction ne s'est pas vérifiée dans la personne du fils de Suleiman, appelé

Abd-El-Wahab; elle s'est réalisée dans le fils de celui-ci nommé Schick-Mohammed. C'est lui qui est le véritable fondateur de sa secte, à laquelle il a donné le nom de son père *Wahab*, d'où l'on a fait Wahabis. Il sut se prévaloir auprès de ses compatriotes de ce songe vrai ou faux. Il leur persuada qu'il descendait directement du prophète dont il portait le nom. Ses dogmes sont peu nombreux. Il prescrit le culte d'un dieu unique, éternel, tout-puissant, juste, miséricordieux, qui récompense et qui punit. Il enseigne à regarder le koran, comme un livre écrit dans le ciel même par les anges. Il veut qu'on en suive les préceptes; mais il rejette toutes les traditions des musulmans. Il consent à voir dans Mahomet un sage aimé de Dieu, mais il blâme les hommages qu'on lui rend. Il dit que Dieu, blessé de cette sorte de culte, l'a envoyé sur la terre pour détromper les hommes à cet égard, et que tous ceux qui mépriseront ses instructions, mériteront d'être exterminés.

Ce sectaire répandit d'abord sa doctrine en secret, et fit quelques prosélytes. Il fit un voyage en Syrie, pour le même objet, n'y obtint aucun succès, et revint, après trois ans d'absence en Arabie, où il fut plus heureux. Il y trouva un protecteur dans un chef arabe, nommé Ebn-Sehoud, issu, comme son aïeul Suleiman, de la tribu de Nagadis. Cet Ebn-Sehoud était un homme ardent et brave qui, après s'être fait chef de sa tribu, en avait subjugué deux autres de l'Yemen, et avait attiré dans son parti tous les Arabes vagabonds de cette contrée. A leur tête, il s'était vu en état de faire des excursions, et dans l'espace de quinze ans, il avait déjà beaucoup étendu ses conquêtes. Jaloux de les pousser plus loin, il crut que Mohammed pourrait favoriser ses vues, en inspirant plus d'ardeur et d'enthousiasme à ses Arabes. Il seconda donc la propagation d'une doctrine déjà répandue parmi les siens et Mohammed de son côté, se livra volontiers à celui dont il attendait le plus solide appui pour sa secte. Ses dogmes furent bientôt adoptés par un peuple ignorant. Le nouveau culte prit une forme régulière. Le fils d'Abd-el-Wahab fut déclaré pontife suprême des Wahabites. Ebn-Sehoud retint l'autorité temporelle sous les noms de prince et de général, et ce partage de puissance s'est conservé entre les descendans des deux chefs.

Ebn-Sehoud s'occupa dès-lors à réaliser ses projets d'agrandissement. Il forma une armée bien disciplinée, dont le scheik augmentait l'enthousiasme par ses prédications. Sehoud mourut au milieu de ses projets; mais son fils Abd-el-Azir hérita de son courage et de son ambition. Quand il voulait séduire une tribu, il envoyait la sommer de croire au koran tel qu'il l'expliquait, la menaçant de l'exterminer, si elle s'y refusait. Si elle prenait ce dernier parti, on passait tout au fil de l'épée, à l'exception des femmes et des filles, et l'on enlevait toutes les richesses des vaincus. Lorsque la tribu consentait à se soumettre, Abd-el-Azir lui nommait un gouverneur, et se faisait donner la dîme des troupeaux, de l'argent, des meubles, et même des hommes que l'on tirait au sort. Il amassa ainsi de grands trésors en peu de temps, et se forma une armée, dont le nombre surpassa cent vingt mille hommes. Les Arabes bédouins, cédant les uns après les autres, ont ployé sous le joug des Wahabis.

Ces nouveaux sectaires ont les mahométans en horreur, tant le fanatisme a fait de progrès parmi eux. Ils ont cependant retenu beaucoup de pratiques de l'islamisme : la circoncision, les formules de prières, les ablutions, les abstinences, le jeûne du ramadan, les fêtes; mais leurs mosquées n'ont ni décorations, ni minarets, ni coupole. Ils ne professent aucun respect pour la mémoire des scheics et des imans, et ils enterrent leurs morts sans aucune pompe. Leur nourriture ordinaire se compose de pain d'orge, de dattes, de sauterelles, de poissons; rarement ils mangent du mouton et du riz. Le café leur est interdit. Leurs vêtemens et leurs cabanes sont fort simples. La nation peut se diviser en trois classes : les guerriers, les laboureurs et les artisans; car ils cultivent, et travaillent à différens métiers. Leurs ouvrages en osier, en laine, en coton, en cuivre, en fer, ne le cèdent pas à ceux des autres Arabes.

Telle était la force des Wahabites en 1803, qu'ils entrèrent dans la Mecque, et détruisirent huit tombeaux magnifiques érigés en l'honneur des descendans de Mahomet. L'année suivante, ils prirent Médine. Ainsi, les deux cités saintes se trouvèrent au pouvoir de ces nouveaux sectaires. Ils ne s'opposèrent cependant pas aux pélerinages, mais ils défendirent l'approche de tout corps armé, et l'usage de certaines cérémonies qu'ils regardent comme superstitieuses. Ils se rendirent si formidables, que, pendant quelque temps, les pachas de l'Orient tremblèrent devant eux. Mais Mehemed-Ali, pacha d'Égypte, doué de plus d'énergie et de talent que ces tyrans subalternes, envoya en Arabie son fils Ibrahim-Ali à la tête de troupes aguerries. Celui-ci a réussi, en 1820, à battre les Wahabites, les a repoussés dans leur pays, s'est emparé de Dereiah, capitale de leur empire, a délivré les villes saintes, et dispersé la secte nouvelle, qui n'est cependant pas éteinte.

Je reviens à la province de *Hajar*. *Lahsa*, ville considérable sur la rivière d'Astan, en est la capitale, et donne souvent son nom à toute la contrée. Les autres villes sont *Kalif*, où l'on trouve les restes d'un ancien fort portugais; *Koueis*, que les Persans appellent Grain, dont les habitans sont au nombre de dix mille, et

Tarut, qui possède d'excellens vignobles, exposés toutefois aux inondations de la haute marée. Dans quelques villes de l'Hajar il y a des manufactures en laines; on y fait des manteaux que l'on appelle *abbas*.

LETTRE VII.

ARABIE PÉTRÉE. — Le Mont-Sinaï. — La Mecque. — Médine. — Tor. — Aila.

Un pays sec et aride, couvert presque partout de sables brûlans et de montagnes stériles, sans arbres, sans eau, presque sans villes et sans habitans : telle est cette partie de l'Arabie que l'on nomme *Arabie Pétrée*, non de la qualité de son terroir, comme quelques-uns l'ont avancé, mais de *Petra* son ancienne capitale, dont il ne reste plus que les ruines. Ce pays inculte et sauvage est bien peu propre à stimuler la curiosité des voyageurs, et sans les grands événemens dont il a été le théâtre, les prodiges éclatans qui s'y sont opérés pendant les quarante années du séjour qu'y firent les Hébreux, il est probable qu'il serait à peine connu. Mais ce désert s'anime au souvenir des nombreux miracles dont il est fait mention dans l'Écriture. Alors on croit voir, selon l'expression du prophète, la mer fuir à la vue d'Israël, et lui laisser un libre passage à travers ses flots irrités, tandis qu'elle engloutissait dans ses abîmes les chars et les cavaliers de Pharaon; on croit entendre les sublimes accens de ce cantique, magnifique expression et monument éternel de la reconnaissance de Moïse.

On se dit : c'est ici que les rochers s'ouvrirent, s'amollirent et se fendirent en torrens d'eau vive pour apaiser, dans un climat brûlant, la soif et le murmure des Hébreux. C'est là que Moïse brisa, dans le transport de son zèle, ces Tables où Dieu lui-même avait gravé sa loi; qu'il réduisit en poudre les honteux objets du culte d'Israël; qu'il força les prévaricateurs d'en mêler la cendre avec leur boisson, et qu'il lava dans le sang de plus de vingt mille d'entre eux le crime de l'idolâtrie; c'est dans ce désert qu'eut lieu ce fameux combat, dans lequel le fier agresseur du peuple de Dieu, ce terrible Amalec, tomba sous le fer de Josué, ou plutôt sous l'effort des prières de Moïse, qui, plus dévot que guerrier, les bras élevés vers le ciel, en attirait la foudre qui écrasait l'ennemi du Seigneur. C'est aussi là que la terre, ébranlée jusque dans ses fondemens, s'ouvrait avec mugissement, vomissait au loin des flammes dévorantes, et abîmait dans ses entrailles l'audacieux rival du grand prêtre Aaron. On regrette de ne plus trouver ce tabernacle, chef-d'œuvre du goût, dont Dieu même avait daigné tracer le plan et diriger l'exécution; et l'on ressent une sorte d'effroi, en pensant que du fond de ce sanctuaire sortit un feu vengeur qui expia, par la mort de Nadab et d'Abiu, la négligence coupable de ces oints du Seigneur. Tant de miracles excitaient notre admiration, et faisaient le sujet de notre entretien, lorsque nous arrivâmes au mont Sinaï.

Sinaï, ce mont si fameux dans les annales du peuple de Dieu, est situé dans une presqu'île, formée par deux bras de la Mer-Rouge, et est si près du mont Oreb, qu'on peut dire que ces deux montagnes n'en font qu'une; aussi l'Écriture nous dit-elle indifféremment que la loi a été donnée à Moïse sur le mont Sinaï et sur le mont Oreb, parce qu'en effet ce sont deux sommets d'une même montagne, qui ne sont séparés l'un de l'autre que par un très petit vallon. Sinaï est à l'orient, et Oreb à l'occident; mais le premier est d'un tiers plus élevé que le second, qui de son côté a des agrémens que l'autre n'a pas.

Un lieu si saint ne pouvait manquer de servir d'asile à ces hommes que l'esprit de

Dieu a conduits, dans tous les temps, sur les pas de Jésus-Christ dans ce désert; aussi a-t-il été peuplé d'un nombre prodigieux de solitaires. Ce goût de retraite s'est bien refroidi, et l'on compte à peine aujourd'hui soixante moines grecs qui suivent la règle de saint Basile, et habitent le couvent de Sainte-Catherine, situé au pied du mont Sinaï. Nous ne manquâmes pas de visiter ce monastère, bien fait pour intéresser, ne fût-ce que par son antiquité.

Accompagnés d'un jeune religieux dont l'office paraît être de recevoir les pélerins, nous allâmes d'abord à l'église dont la grandeur et la magnificence excitèrent vivement notre admiration. Le temple est l'ouvrage de l'empereur Justinien; les marbres sont venus d'Egypte par la Mer-Rouge; les pierres tirées des montagnes du pays sont si dures, qu'il faut des mois entiers pour les tailler; mais quand elles sont polies, elles se tiennent si parfaitement ensemble, au moyen d'un ciment léger qu'on trouve dans ce désert, et qui devient bientôt aussi dur que les pierres mêmes, que cet édifice malgré la hardiesse de ses voûtes, et près de quinze cents ans d'existence, n'a point encore eu besoin de réparations. Le bâtiment paraît sortir des mains de l'ouvrier; la pierre est d'une blancheur et d'un poli admirables; les proportions sont exactes, et ce monument serait digne à tous égards des beaux jours de l'ancienne Grèce, s'il était plus éclairé, et si les statues qu'on y a prodiguées, n'étaient pas au-dessous du médiocre, ainsi que les peintures et les bas-reliefs.

De l'église nous passâmes au réfectoire qui est vaste, mais trop long en raison de sa largeur; du reste la pièce est belle, quoique un peu sombre, défaut qui règne dans tous les appartemens de cette maison; j'en excepte la salle où l'on reçoit les étrangers, qui est de toute beauté.

J'ai vu peu de séjours aussi rians ; mais la chère que l'on y fait ne répond pas à l'agrément du lieu. En effet, la vie des moines est très austère; ils ne connaissent ni chair ni poisson, et leurs hôtes se sentent un peu trop de cette frugalité, à moins qu'ils n'y suppléent eux-mêmes par les provisions dont on doit toujours être pourvu, et sans lesquelles il est impossible de se hasarder à voyager dans ce pays.

Nous ne donnâmes qu'un coup-d'œil aux cellules des religieux, qui nous parurent de vrais cachots. Pressés de voir les dehors, nous sortîmes à l'effet de satisfaire notre curiosité, et nous fûmes fort étonnés de voir que le monastère était fortifié comme une citadelle. Notre conducteur nous apprit que ces remparts avaient été élevés pour mettre le couvent à l'abri de l'invasion des Arabes, qui rôdent sans cesse autour des murs auxquels ils donnent de fréquens assauts. Lorsqu'ils sont en petit nombre, on les dissipe aisément, mais lorsqu'ils viennent en force, on ne s'en débarrasse qu'en leur fournissant les provisions dont ils ont besoin, ce qui réduit quelquefois les moines à la disette. En écoutant ce récit nous arrivâmes à la grotte où Moïse reçut les Tables de la loi. On a fait de ce lieu une chapelle où tout respire la piété, mais qui n'a rien de remarquable que la statue du saint législateur, que les connaisseurs ont jugée digne du ciseau de Phidias. Les Arabes, qui révèrent beaucoup cette caverne, ont bâti au-dessus une assez jolie mosquée, où ils se rassemblent pour prier. A dix pas de là, est une source fort belle, dont l'eau, après plusieurs cascades, tombe par un aqueduc, dans les offices du monastère. Cette eau dont on vante la fraîcheur et la bonté fait seule la boisson des moines, qui ne s'en portent pas plus mal.

Comme le chemin devient ici fort raide,

et que la montagne va presque toujours en pic, il serait impossible de passer outre, sans les degrés qu'on a eu soin de pratiquer dans le roc. On en compte quatre mille depuis le pied jusqu'à la cime de la montagne. Nous les franchîmes courageusement, mais arrivés au sommet nous eûmes besoin de reprendre haleine. Ce lieu, qui a environ soixante-dix pieds de longueur sur trente de largeur, peut contenir aisément cinq cents personnes. Il est hérissé de monticules sur l'un desquels est une petite chapelle, où l'on dit que le corps de sainte Catherine a reposé pendant près de quatre cents ans. Ce corps, ajoute-t-on, a été transféré dans l'église du monastère, où il est placé sous un dais magnifique. On ne le voit point; on en montre seulement un bras fort desséché, et dont les doigts sont couverts d'anneaux d'or. Au pied du monticule est une source qu'on regarde comme miraculeuse, n'étant pas naturel qu'il y ait de l'eau dans un endroit si élevé. Tout près de la source est l'endroit où Moïse passa les quarante jours qui précédèrent la réception de la seconde Table de la loi. Il est difficile de peindre la solitude affreuse qui règne dans ce séjour, où tout respire la plus profonde tristesse, et dont le silence glacerait d'effroi les plus intrépides.

Le vallon qui sépare le mont Oreb du mont Sinaï est très agréable ; il est distribué en différens jardins, dont les uns produisent des fruits, les autres des légumes excellens. Ces jardins sont cultivés par les moines, qui en tirent leur principale subsistance. En traversant le vallon, nous vîmes le lieu où était placé le buisson ardent, et nous gravîmes ensuite le rocher d'où Moïse fit jaillir ces torrens dont il est parlé dans l'Exode. Cette pierre est percée de douze trous, par où l'eau sortait, dit-on, comme par autant de canaux. De là nous remontâmes à la grotte où le prophète Élie se réfugia pendant la persécution de Jésabel. La voûte de cette grotte est fort humide, et semée de concrétions pierreuses, dont la grosseur est aussi singulière que la figure en est bizarre. À côté de cette grotte est la caverne où l'ermite saint Étienne passa quarante années dans le jeûne et dans la prière.

En tournant sur la droite, nous arrivâmes à une assez belle esplanade, où était autrefois le monastère de saint Basile. Parmi les débris de ce monastère qui ne subsiste plus, on voit une pierre où le pas d'un chameau est si parfaitement gravé qu'on le prendrait pour un ouvrage de l'art. Les Arabes baisent ce pas avec respect, dans la persuasion que c'est celui du chameau de Mahomet. Nous entrâmes ensuite dans un petit bois fort agréable, d'où nous gagnâmes par une pente douce le sommet de la montagne. Ce lieu nous parut charmant ; on y voit trois belles sources bordées de gazons toujours verts, et de peupliers à l'ombre desquels nous nous assîmes pour prendre le frais. Notre entretien roula naturellement sur la suite de notre voyage ; ce qui restait de plus intéressant à voir en Arabie, était la Mekke et Médine, et à moins que de se réunir à une caravane de pélerins, de prendre leur costume, d'imiter leurs folies superstitieuses, et même d'être protégés par quelques-uns des plus marquans, il fallait s'attendre à courir de grands risques.

Le moine qui nous servait de guide remarqua notre embarras, et nous adressant la parole : « Je puis, dit-il, vous épargner bien des peines et vous faire connaître la Mekke et Médine aussi bien et peut-être mieux que si vous les voyiez de vos propres yeux ; car j'ai fait deux fois ce voyage sous les auspices d'un officier du roi de Maroc, dont à quinze ans je devins l'esclave ; mon maître était bon, et je n'ai point à me plaindre de sa conduite à mon égard ; mais entêté de sa secte, il me força en quelque sorte de changer de religion. C'est pour expier le crime de mon apostasie que je me suis enterré dans ce désert, après m'être échappé au retour du second voyage. » Cette proposition nous fit plaisir, nous le témoignâmes à notre guide, et il entra ensuite en matière.

« La *Mekke* et *Médine*, nous dit-il, font partie d'une province que l'on appelle *Hedjas*, et qui n'appartient proprement à aucune des trois Arabies, quoiqu'elle soit située dans la même presqu'île. La Mekke fut le berceau de Mahomet, et Médine est le lieu de son tombeau. Ces deux villes sont réputées saintes et sacrées ; et malheur à tout chrétien qui oserait en approcher même à quelques lieues. Les plus affreux supplices suffiraient à peine pour expier cette profanation sacrilége.

« La Mekke est située au pied d'une haute montagne, à quinze lieues de Gedda, port sur la Mer-Rouge, et lieu de la sépulture d'Ève, si l'on en croit les Arabes. Cette ville est grande, riche et bien peuplée; elle n'a ni murs, ni remparts; sa sainteté lui tient lieu de sauve-garde, et la met à l'abri de toute insulte. On y voit de beaux édifices et quelques palais, mais rien n'approche de la magnificence de ses caravanserais, dont la beauté surpasse toute expression. Ces caravanserais sont des hôtelleries où les voyageurs se retirent au temps des pélerinages. A une des extrémités de la ville s'élève le temple connu chez les musulmans sous le nom d'El-Harram (temple par excellence). C'est un carré majestueux, long de trois cents pieds, large de deux cents, entouré d'un triple rang de colonnes et de voûtes, dont le premier coup-d'œil frappe toujours, malgré l'irrégularité et le goût bizarre de sa construction. Les maisons sont plus hautes, et les montagnes qui environnent la ville surmontent le tout, ce qui forme un amphithéâtre d'une magnificence extraordinaire. Au milieu du haram est la Kaaba, ou maison céleste, bâtie autrefois par les anges, transportée au ciel au temps du déluge, et rebâtie par Abraham sur le modèle de la première, dont le plan lui fut envoyé du ciel.

« Cette maison, qui n'a rien de merveilleux pour sa construction, est un massif carré, irrégulier ; sa longueur, du plus grand côté, est de trente-sept pieds, sa hauteur est de trente-quatre pieds quatre pouces. La porte, tournée au nord-est, est assez élevée de terre pour qu'un homme de taille ordinaire n'y puisse pas atteindre avec la main. Cette porte s'ouvre à deux battans de bronze doré et argenté. Elle a cinq pieds de largeur sur dix de hauteur. On y monte par une échelle posée sur quatre roues qu'un iman pousse contre le mur. Celui qui veut prier paie l'iman, et monte à l'échelle. Trois colonnes de figure octogone, et hautes d'environ vingt pieds, soutiennent tout l'édifice. Elles sont de bois d'aloès, de la grosseur d'un homme, d'une seule pièce chacune, et posées sur une ligne droite.

« La partie intérieure de la Kaaba ne consiste qu'en une salle dont le plafond, les colonnes et les parois sont couverts d'une tenture de soie rose. Les soubassemens et le pavé sont en beau marbre. La Kaaba est enveloppée en dehors d'une grande toile noire qui pend jusqu'en bas, et est ornée de franges qui font un assez bel effet. Ces étoffes sont fournies aux frais du grand-seigneur, et renouvelées chaque année. Les anciennes, qu'on regarde comme de précieuses reliques, sont partagées entre sa hautesse et le prince de la Mekke, qui en tire un profit considérable. Le chameau qui porte ces étoffes est regardé comme sanctifié, et on ne l'emploie plus à aucun genre de travail.

« Pour concilier plus de respect à la Kaaba, on a bâti tout au tour un petit mur qui en défend l'approche, et afin d'empêcher que la pluie n'en ruine les fondemens, on a placé sur le toît, qui est en terrasse, une gouttière d'or qui s'avance en dehors d'environ six pieds, et jette au loin les eaux qui s'y rendent. L'intérieur du temple n'a rien de remarquable qu'une pierre noire que l'ange Gabriel apporta, disent les musulmans, à Abraham, lorsqu'il bâtissait la Kaaba, et servait d'échaffaud à ce patriarche, se haussant et se baissant d'elle-même, afin qu'il eût moins de peine, et qu'il ne fît point de trou dans la muraille. Cette pierre était blanche autrefois, mais les péchés des hommes l'ont rendue noire. Ce qui est certain, c'est que les baisers et les attouchemens réitérés des fidèles en ont usé la surface, au point qu'elle est devenue inégale. Non loin de la Kaaba, et toujours dans le Haram, est le puits de Zemzem, autre objet de grande vénération pour les musulmans. Ce puits, à les en croire, est celui qu'un ange fit voir à Agar, lorsqu'elle errait dans le désert, après avoir été chassée, avec son fils Ismaël, de la maison d'Abraham. Les Arabes boivent de l'eau de ce puits avec une grande vénération, et lui attribuent de merveilleux effets.

« Tout bon musulman doit faire le voyage de la Mekke au moins une fois en sa vie. Mais les fervens renchérissent sur ce précepte, et plusieurs le font tous les dix ans. Pour cela on se réunit en troupe ou en caravane, afin d'être en état de résister aux Arabes qui courent sur les pélerins, et les dépouillent sans pitié. Il part chaque année cinq principales caravanes pour la Mekke : celle des Indes, celle de Perse, celle de Damas, celle du Caire et celle des Maugrebins qui comprend les côtes de Barbarie, et les pays de Fez et de Maroc. Celle-ci se joint toujours à celle du Caire, que ce surcroît fait monter quelquefois à cent mille ames y compris les femmes et les enfans.

« Ces voyages de dévotion entraînent une infinité de prières et de cérémonies. Chaque action, chaque pas, et pour ainsi dire chaque mouvement du pélerin est réglé par un rit particulier, et accompagné d'une oraison qui lui est propre. Pour se préparer à ce fameux pélerinage, il faut commencer par payer ses dettes, se réconcilier avec ses ennemis, laisser à sa famille de quoi subsister, et ne se munir que d'argent acquis en toute sûreté de conscience, pour les frais du voyage. Le pélerin, en sortant de sa maison, fait deux inclinations, et récite une prière. Il prend ensuite congé de sa famille, et les paroles qu'il lui adresse sont dictées par la loi.

« Après quelques cérémonies religieuses, qui durent environ trois jours, on choisit des chefs auxquels on fait serment d'obéir, et l'on part, après avoir imploré par une prière fervente la protection du Seigneur.

Un pacha commis par le grand-seigneur, pour mettre les pélerins à couvert des insultes des Arabes, accompagne la caravane avec une forte armée. On ne marche que la nuit pour éviter la chaleur, et lorsque la lune n'éclaire pas, on allume des falots. On ne mange dans ce voyage que les provisions dont on se munit; le pays qu'il faut traverser ne fournissant rien, pas même de l'eau qui soit bonne à boire. On marche en ordre, chacun sous ses chefs, montés sur des chameaux qu'on attache queue à queue, et dont les premiers conduisent les autres. Pendant la route qui est d'environ trente-sept jours, on chante les versets de l'Alcoran avec tant de ferveur, qu'on voit des pélerins tomber d'épuisement et mourir en chantant.

« On se rend d'abord à la montagne d'Aarafat, où les pélerins quittent une partie de leurs habits pour se couvrir d'un manteau blanc. Ils font le tour de la montagne en procession, et immolent ensuite une victime en mémoire du sacrifice d'Abraham. Deux jours avant d'arriver à la Mekke, on se dépouille de ses habits, et l'on met des sandales pour ne pas fouler une terre si sainte. On passe ainsi huit jours dans une espèce de retraite, priant, faisant l'aumône, et ne mangeant que le soir. Ce terme expiré, on se remet en marche, et du plus loin qu'on aperçoit les portes de la ville, on se prosterne, frappant trois fois la terre du front, et l'on entre en chantant des hymnes en l'honneur du prophète.

« Le pélerinage ne dure que trois jours, et celui qui peut baiser le premier la pierre noire, est réputé saint ; mais il faut qu'il le fasse un vendredi, qui est toujours un des trois jours, et à la fin d'une longue prière. C'est à qui des pélerins déploiera plus de ferveur dans la visite des lieux saints. Entraînés par l'ardeur de leur zèle, ils se précipitent en foule et confusément les uns sur les autres, au risque qu'il y en ait quelques-uns d'étouffés. Quant à moi qui n'étais musulman que de nom, et pour qui le nombre et la variété de ces groupes, ce tumulte religieux, formaient un véritable spectacle, j'avoue que je n'en vis jamais de plus extraordinaire, après toutefois celui que me présenta l'armée des Wahabis qui, pendant que j'étais à la Mekke, y arriva pour faire ses dévotions à la Kaaba.

« Ces hommes n'étaient vêtus que des morceaux de toile que portent les pélerins. Ils étaient armés de mousquets et de grands coutelas à la ceinture. Cette troupe n'avait ni drapeaux, ni tambours. J'en vis défiler une colonne qui me parut composée de près de soixante mille hommes, tellement serrés sur toute la longueur de la rue, qu'il ne leur aurait pas été possible de remuer la main. Pendant leur marche, les uns poussaient des cris d'une sainte allégresse, les autres récitaient des prières à haute voix, chacun à sa manière.

« Déjà les premiers pelotons, pour commencer leur tour de la Kaaba, s'empressaient de baiser la pierre noire, lorsque d'autres impatiens d'arriver, s'avancent en foule, se mêlent avec les premiers, et portent la confusion à un tel excès, qu'elle ne leur permet plus d'entendre la voix de leurs guides. A la confusion succède le tumulte ; tous veulent baiser la pierre noire ; ils se précipitent, et emploient la force pour s'ouvrir le passage. En vain un de leurs chefs monte sur le socle du temple, près de la pierre sacrée : ses cris, ses signes pour ramener l'ordre sont inutiles. *Le zèle de la maison de Dieu qui dévore les pélerins*, ne leur permet d'entendre ni la voix de leurs chefs, ni celle de la raison. Ils circulent sans ordre autour de la Kaaba, et, dans leur empressement, brisent avec leurs mousquets les lampes de verre qui entouraient le temple. Se portant ensuite avec une égale précipitation au puits miraculeux de Zemzem dont l'eau doit les désaltérer et les arroser, ils mettent en pièces les cordes, les seaux, les poulies, forcent le chef et les employés à la garde du puits d'abandonner leur poste ; alors restés seuls maîtres, les Wahabis se donnent la main, forment la chaîne, descendent au fond du puits, et tirent de l'eau comme ils peuvent.

Au sortir de la Mekke, l'usage est de reprendre la route du mont Aarafat, où les pélerins restent trois jours, jetant chaque jour sept pierres sur la montagne dont on fait enfin trois fois le tour. Ces pierres sont lancées contre le diable qui osa tenter Abraham en ce lieu, et lui suggérer de sacrifier Ismaël à la place d'Isaac. Après ce dernier acte du pélerinage, les fidèles reçoivent la bénédiction de l'iman, ensuite chacun se retire, et prend la route de Médine.

« La Mekke a beaucoup souffert de la diminution des pélerinages, causée en partie par le refroidissement du zèle, en partie par la crainte des Wahabis. La plupart des maisons de cette ville ne sont point habitées. On y comptait autrefois cent mille habitans, à peine y en a-t-il vingt mille aujourd'hui. Cependant elle offre un aspect plus agréable que les autres villes de l'Orient. Ses constructions suivent les sinuosités d'un vallon dont la largeur n'est que de cent cinquante-cinq toises. Les rues principales sont assez régulières, on peut même dire qu'elles sont belles à cause des jolies façades des maisons. Elles sont d'ailleurs sablées et très commodes. Les habitations se rapprochent du goût persan ou indien; elles ont deux rangées de fenêtres, avec plusieurs balcons couverts de jalousies; on y voit même plusieurs grandes croisées entièrement ouvertes comme en Europe. La plupart sont garnies d'une espèce de persiennes de palmier, extrêmement légères, qui garantissent du soleil, sans intercepter le passage de l'air.

« Toutes les maisons, solidement construites en pierre, ont trois ou quatre étages, quelquefois plus, avec des façades ornées de moulures, de soubassemens et de peintures, ce qui leur donne un aspect gracieux. Il est rare de trouver une porte qui ne soit garnie d'un soubassement, avec des degrés et des bancs des deux côtés. Les toits sont plats ou en terrasse, et entourés d'un mur de sept pieds de hauteur, qui est interrompu d'espace en espace par des claires-voies en briques rouges et blanches, placées horizontalement et symétriquement à sec, pour laisser passage à l'air. Cette disposition a l'avantage de contribuer à l'ornement des façades, en même temps qu'elle empêche les femmes d'être vues quand elles sont sur la terrasse. La beauté des maisons atteste l'ancienne splendeur de la Mekke, et les habitans les entretiennent en bon état avec le plus grand soin. Ils ont un grand intérêt à en agir ainsi pour attirer les pélerins, parce que le produit du loyer est une de leurs principales ressources.

« Les marchés sont assez bien fournis de vivres et de toutes espèces de marchandises communes ; la foule les remplit à toutes les heures du jour, principalement à l'époque des pélerinages. On y trouve alors des restaurateurs ou traiteurs ambulans, des pâtissiers, des étameurs, des cordonniers et d'autres artisans de ce genre. Les vivres, quoique abondans, y sont chers, excepté la viande. Pour faire du pain, on délaie de la farine dans de l'eau avec du levain ou sans levain, et l'on a de petits gâteaux qui ont près de neuf pouces de diamètre, et au plus quatre lignes d'épaisseur ; on les vend à demi-cuits et mous comme de la pâte. C'est ce que l'on peut appeler des galettes. Le même usage a lieu dans toute l'Arabie. L'eau douce qu'on apporte continuellement des montagnes voisines, dans des outres, sur des chameaux, est bonne. L'eau des puits de la ville, quoique saumâtre, est potable ; le peuple n'en boit pas d'autre, et n'en est pas incommodé.

« Les femmes à la Mekke jouissent de plus de liberté que dans toutes les autres villes musulmanes. Elles sont en général laides, et ont le teint très basané. Elles sont assez libres, presque effrontées, parlent bien et s'expriment avec grace.

« Le peu de commerce qui se fait à la Mekke se borne aux caravanes. La fortune des habitans, composés de Wahabis, de Bedouins et d'Arabes, consiste le plus communément en un chameau et quelques têtes de bétail. A l'exception des desservans du temple et d'un petit nombre de négocians, les hommes sont toujours armés. Les armes ordinaires sont : le coutelas recourbé, la hallebarde, la lance et la massue. On y voit très peu de fusils.

« Le pélerinage de Médine n'est pas d'obligation ; aussi n'a-t-il pas les mêmes priviléges que le premier qui absout de tous péchés, même des crimes pour lesquels on peut être repris en justice. Cependant ceux qui font le voyage de la Mekke se rendent presque toujours de là à Médine, qui est située dans une plaine à trois journées d'Iambo, petite ville et port sur la Mer-Rouge.

« *Médine* n'est ni aussi grande, ni aussi peuplée que la Mekke, mais elle est encore mieux bâtie, et peut-être aussi marchande. On admire la beauté de ses mosquées. Celle qu'on nomme la grande mosquée, parce qu'elle contient le tombeau de Mahomet, est placée sur une hauteur au milieu de la ville. On y entre par un péristyle dont les colonnes sont de marbre et de l'ordre dorique, mais mal sculptées et trop massives. Le tombeau du prophète est renfermé dans une tour ou bâtiment rond surmonté d'un dôme. Ce bâtiment est ouvert depuis le milieu jusqu'au dôme, et entouré d'une galerie dont le mur est percé de plusieurs fenêtres qui ont des grilles d'argent. Le mur du bâtiment n'est point percé, mais il est couvert d'un si grand nombre de pierres précieuses, surtout à l'endroit où se trouve placée la tête du tombeau, que c'est un des plus riches endroits de l'univers. On admire, entre autres, deux diamans dont l'un est large de deux doigts, et long à proportion. Le second qui est plus gros que le premier n'est que la moitié d'un autre qu'Osman, fils d'Achmet, fit scier en deux. Il en envoya la moitié à Médine, et retint l'autre pour orner son turban. Les grands-seigneurs l'ont toujours porté depuis, et il passe pour le plus beau diamant de l'Empire. On entre dans la galerie et dans le dôme par des portes d'argent qui s'ouvrent à deux battans comme celles de la Kaaba. Les pélerins ne pénètrent point dans le dôme ; la foule serait trop grande ; ils ne peuvent donc voir que les richesses de la galerie, mais quand ils sont partis, on se fait ouvrir la porte du bâtiment, et j'y suis entré avec mon maître qui était d'un rang à obtenir aisément cette faveur.

« Le tombeau de Mahomet est placé entre ceux d'Abubeker et d'Omar. Il pose à terre et sur le rez-de-chaussée même. Ainsi le cercueil de fer attiré par une voûte d'aimant, n'est qu'une fable. Il est de marbre blanc, et couvert d'un riche tapis tel que ceux des sultans de Constantinople et des pachas de Turquie. Trois mille lampes brûlent sans cesse autour de ces mausolées; elles sont d'argent, et l'huile qui s'y consume, et qui pourrait être employée plus utilement, est si pure qu'elle n'exhale aucune odeur. Je puis me dispenser d'entrer dans le détail des folies qui se font autour de ce tombeau; il suffit de savoir que la Mekke et Médine sont le centre de la superstition mahométane, et de là on peut imaginer toutes les extravagances qu'on voudra de la part des dévots musulmans, sans courir risque d'outrepasser la vérité.

« La Mekke et Médine ont leurs princes particuliers, lesquels sont à la fois seigneurs temporels et spirituels. On les nomme *schérifs*, et on peut les regarder comme le plus noble sang de la race mahométane, puisqu'ils descendent de Mahomet par Fatime sa fille, épouse d'Ali, neveu et l'un des successeurs du prophète. Ils sont indépendans du grand-seigneur qui néanmoins intervient dans leurs affaires, lorsqu'ils s'avisent de guerroyer. Le scandale qui peut en résulter oblige le grand-seigneur, en sa qualité de calife, d'empêcher ce désordre. Alors si un schérif s'obstine, il le dépose, mais son autorité ne va pas plus loin, et le successeur est toujours choisi dans la maison régnante.

« Après avoir parlé de la Mekke, ajouta notre guide, je ne dois pas oublier le baume fameux qui tire son nom de cette ville et croît dans son territoire : c'est la production d'un arbre que les Arabes appellent *balsum*. Il a les feuilles peu différentes de celles du frêne, mais éparpillées et peu fournies ; le tronc glutineux, léger et rougeâtre, les branches longues et menues, odoriférantes, visqueuses, et de la même couleur que le tronc. Sa fleur est petite et d'une odeur agréable. Sa graine, qui n'a pas moins de parfum, est enfermée dans une gousse noire, et nage dans une liqueur épaisse de la couleur du miel. Elle a l'odeur du baume et le goût amer. Les branches qui se fendent d'elles-mêmes distillent une gomme précieuse qu'on recueille dans des sacs de cuir, faits en forme de bourse. Sa couleur, d'abord très blanche, prend ensuite une teinte verte, et jaunit enfin au bout de quelques mois. Elle est très fluide dans son origine, mais elle acquiert avec le temps un tel degré de consistance qu'il faut la dissoudre dans l'esprit de vin.

« La myrthe est une autre gomme odoriférante qu'on recueille aussi dans l'Arabie, et qui coule par incision d'un arbre épineux, dont les feuilles ressemblent à celles de l'olivier. On en compose des parfums, et les anciens s'en servaient pour embaumer les corps morts ou en tirer une huile excellente pour la guérison des plaies, et on l'emploie à d'autres usages dans la médecine.»

La relation que le moine grec nous avait faite de la Mekke et de Médine, nous fut bientôt confirmée par deux voyageurs que nous eûmes occasion de rencontrer. Nous nous trouvâmes donc dispensés de faire ce voyage qui eût été d'autant moins fructueux que l'époque à laquelle nous pouvions être rendus dans les villes saintes n'était point celle des pélerinages. Après nous être reposés pendant quelques jours dans le monastère où l'on nous avait si bien accueillis, nous prîmes congé des bons moines, et nous partîmes à l'entrée de la nuit, parce que les chaleurs sont trop grandes en ce pays pour voyager le jour.

Nous marchâmes sans débrider, et nous arrivâmes le lendemain de très bonne heure au bord d'un étang où il y avait quelques palmiers. Comme nous étions fatigués, nous nous jetâmes sous ces arbres pour y reposer quelques momens. A peine avions-nous fermé l'œil, qu'un grand cri nous réveilla. C'était un de nos gens qui, s'étant écarté dans la campagne, était poursuivi par un serpent de l'espèce de ceux qu'on nomme *schésifon*, et dont la morsure est sans remède. Il n'y avait pas à délibérer; nous montâmes sur les arbres qui nous servaient d'abri. Cet asile n'était pas sûr, car ce serpent est un de ceux qui se pliant en spirale autour des arbres y montent avec une promptitude surprenante. Celui que nous fuyions s'adressa justement à l'arbre sur lequel je m'étais perché. Je le laissai monter, et au moment qu'il s'élevait sur sa poitrine pour s'élancer, je lui tirai mon pistolet dont la balle le perçant d'outre en outre, le fit tomber mort au pied de l'arbre. Nous le mesurâmes, il avait trois pieds sept pouces cinq lignes de longueur, et onze pouces quatre lignes de circonférence. La morsure de ce reptile ne cause qu'une douleur médiocre; mais la plaie, qui se durcit d'abord, se gonfle ensuite, et forme une espèce de tumeur qui se remplit peu à peu d'une liqueur épaisse et noirâtre; on sent des lassitudes dans les genoux et des vertiges, et l'on expire en peu de temps. Cette aventure nous tint le reste du jour sur le qui-vive, et nous fîmes sentinelle tour-à-tour pour n'être pas surpris une seconde fois.

Mais ce péril n'était rien en comparaison de celui auquel nous fûmes exposés le lendemain. Il faisait frais, le soleil se levait avec l'apparence du plus beau jour. La scène changea tout-à-coup; l'air s'agita, et le ciel parut tout en feu. Nous jugeâmes que le *smoum* allait souffler, et nous nous mîmes sur-le-champ ventre à terre tenant à la main la bride de nos chevaux qui par un instinct naturel baissèrent la tête entre leurs jambes. Un moment après, un sifflement semblable au bruit d'un feu qui pétille se fit entendre, et fut suivi d'un vent d'est qui dura environ sept minutes, après lesquelles l'air se calma, et le ciel reprit sa première sérénité. Nous nous levâmes sains et saufs, bien contens d'avoir évité ce nouveau danger.

Le *smoum* est un vent pestilentiel qui tue sur-le-champ, mais il n'opère cet effet que deux pieds au-dessus de la terre. Il ne souffle qu'en certains temps de l'année, ne dure que sept minutes, et s'annonce toujours par les signes dont j'ai parlé. Ceux qu'il a tués ne paraissent qu'assoupis, et, à les voir, on croirait qu'ils goûtent les douceurs d'un profond sommeil; mais comme ils sont brûlés intérieurement, leurs membres se détachent d'eux-mêmes au moment qu'on les touche, et les bras restent dans les mains de ceux qui les tirent pour les réveiller.

Nous avions dessein de passer outre, mais nos chevaux étaient si las qu'ils refusèrent le service. Nous entrâmes dans un village voisin du lieu où le smoum nous avait surpris, et où l'on ne compte que quelques habitans. Ces bonnes gens nous reçurent de leur mieux; ils soignèrent eux-mêmes nos chevaux; le plus apparent nous offrit sa maison. Ce manoir était d'albâtre, ainsi que la plupart des cabanes de ce hameau. Cette pierre est très commune et très belle dans plusieurs cantons de l'Arabie-Pétrée; mais ce présent de la nature est bien inutile à ces peuples qui sont bornés, ainsi que les chèvres qui paissent sur leurs montagnes, aux seuls besoins de la vie.

En faisant le tour de ce village, nous vîmes une espèce de souris de l'espèce de celles qu'on nomme *jarbo*, dont Salomon exalte la sagesse. Cette souris est bipède, non qu'elle n'ait quatre pattes comme les autres, mais elle ne fait usage que de celles de derrière sur lesquelles elle marche, s'appuyant sur sa longue queue dont elle se sert comme d'un gouvernail pour diriger sa marche, et se porter partout où elle veut aller. Elle amasse pendant l'été ses provisions pour l'hiver. Sa demeure est une espèce de camp où le service se fait en règle ; on y entre par quatre issues, et chaque issue est gardée par une sentinelle. Une souris major fait la ronde, et la sentinelle qui dort ou qui n'est pas à son poste, est relevée et châtiée. Au signal que donnent ces sentinelles, toute la troupe lève le camp, et sort par le trou opposé. On prétend que ce furent ces souris qui creusèrent cette digue, ouvrage d'une reine célèbre, qui passait pour une des merveilles du monde, et dont la chute causa une inondation mémorable dans le quatrième siècle.

Après avoir erré pendant une quinzaine de jours sans autre but que d'observer le pays, nous arrivâmes à *Tor*, place située sur la Mer-Rouge, où les pélerins turcs ont coutume de se rassembler, pour se rendre de là à Médine ou à la Mekke. Près de Tor est le monastère de *Raithe*, que saint Jean Climaque a rendu célèbre. Il est habité par des moines grecs. Le jardin de ce monastère renferme dans son enclos, le lieu que Moïse appelle *Elim*, et où se trouvaient douze fontaines et soixante-dix palmiers. Les fontaines y subsistent encore; mais elles ont repris leur première amertume, que Moïse avait corrigée en y jetant un bois que Dieu lui avait montré. Ces fontaines sont fort chaudes, du moins pour la plupart. On peut s'y baigner pendant l'hiver.

Ce que j'ai vu à Tor de plus singulier, c'est la pêche d'un certain poisson qu'on appelle *homme marin*, parce qu'en effet il a deux mains d'homme, avec cette différence que les doigts sont joints par une peau, à peu près comme une patte d'oie.

La chair de ce poisson est, dit-on, assez délicate. On le harponne comme les baleines, et sa peau est si dure qu'on en fait des boucliers qui sont à l'épreuve du mousquet.

La ville de Tor fut la première station des Israélites, après le passage de la Mer-Rouge. Les Arabes la nomment El-Tor.

Sur un bras de cette mer est une petite ville que l'on nomme *Aila*. C'est un lieu de station pour les caravanes qui traversent le grand désert.

LETTRE VIII.

ARABIE-DÉSERTE. — Djedda. — Le Nedjed. — Draiyé. — Les Bédouins.

Les amples renseignemens qui nous avaient été fournis sur la Mekke et sur Médine, pouvaient bien nous dispenser de visiter ces deux villes ; mais nous désirions de voir Djedda, place regardée comme le port de la Mekke. En conséquence, nous nous embarquâmes sur la Mer-Rouge, et nous fîmes voile pour cette ville, où nous arrivâmes sans avoir éprouvé la moindre mésaventure. Elle est grande, riche, et l'une des mieux bâties du pays. Le concours des pélerins qui y abordent de toutes les parties du monde mahométan, la rend très vivante, mais tout y est fort cher; on y trouve le débit des choses les plus communes, et l'eau y coûte plus que le vin dans plusieurs pays d'Europe.

Djedda est soumise au grand-seigneur, et gouvernée par un pacha, dont l'autorité est fort bornée. Aussi s'occupe-t-il beaucoup plus du commerce que des affaires publiques. Les chrétiens sont reçus dans le port, même dans la ville, où ils négocient librement; mais ils ne peuvent s'y établir, à cause du voisinage de la Mekke, qui cependant est éloignée de trente-cinq lieues. On ne leur permet pas même de s'écarter dans la campagne. Un mauvais château et quelques canons de fer font toute la défense de cette place, qui serait incapable de résistance, si on l'assiégeait en règle; mais l'attaque en serait difficile, parce que les gros vaisseaux ne peuvent pas entrer dans le port, et que la côte est si haute et si raide, que la descente est presque impraticable.

Le pays que les géographes européens ont désigné sous le nom d'*Arabie déserte*, comprend de vastes déserts qui font partie d'une province connue en Arabie sous le nom de *Nedjed*. La portion de territoire à laquelle cette dénomination est plus spécialement attribuée, est montagneuse, couverte de villes et de villages, et remplie de petites seigneuries ; presque chaque petite ville est gouvernée par un scheik indépendant. Cette contrée est le berceau du *wahabisme*. C'est là que se trouve *Dreiyé* ou *Draiya* capitale des Wahabis. Cette ville non fortifiée est située au milieu d'une vallée qui, par ses points de vue pittoresques et ses jardins, offre un tableau agréable, dont les montagnes qui les environnent forment le cadre. Les maisons de cette ville, au nombre de deux mille cinq cents, sont clair-semées, et bâties les unes en briques, les autres en pierres. Dreiyé a deux lieues de long sur une lieue et demie de large. Elle renferme vingt-huit mosquées et trente colléges, et est la résidence de l'émir et de ses parens. Les mœurs des Arabes qui habitent les villes sont peu différentes de celles des Turcs, je puis me dispenser d'en parler; mais il n'en est pas ainsi des Arabes qui occupent les déserts; ceux-ci ont des coutumes et des habitudes particulières, vivent sous des tentes, n'ont point de domicile fixe, et sont connus sous le nom général de *Bédouins*.

Les Bédouins ont succédé aux anciens Ismaélites. On les nomme ainsi du mot *bédouy*, qui, en leur langue, signifie *habitans du désert*. Ce peuple s'était répandu en Orient, du temps des croisades, et vendait ses services à ceux qui le payaient le mieux; on ne manqua pas de le rechercher pour le faire servir contre les chrétiens, auxquels il fit en effet une guerre cruelle. Le sultan Melechsala avait promis un besant d'or pour chaque tête de croisé. L'avidité des Bédouins, réveillée par cette récompense, ne négligeait aucune occasion de la mériter. Ils n'étaient pas plus redoutables que d'autres dans les combats, mais ils faisaient à outrance la petite guerre, forçaient à de continuelles escarmouches, et remportaient toujours quelque avantage ; ce qui leur était d'autant plus facile, que leur armure était fort légère ; tandis que nos croisés, armés de toutes pièces et chargés de fer, ne pouvaient se remuer que difficilement.

Les Bédouins logent sous des tentes, et n'ont point de demeure fixe. Ils transplantent ces tentes selon les besoins de leurs troupeaux, qui ne consistent qu'en moutons et en chèvres. Le pays qui ne produit que du tamarin et des bruyères, ne peut guère nourrir d'autres animaux. Le peu de pâturages que l'on y rencontre sert, avec de l'orge, à nourrir les jumens dont ils font leur unique commerce.

Ces peuples se croient les plus nobles du monde, et sont tellement imbus de

CAMPEMENT D'ARABES BÉDOUINS.

cette idée, qu'ils dédaignent l'exercice de tout art mécanique, et la culture de la terre. Ils ne s'occupent que de la conduite de leurs bestiaux, ou à faire des courses sur les grands chemins pour détrousser les passans. C'était sans doute aussi en raison de leur noblesse, que nos anciens seigneurs, du temps de la féodalité, faisaient leur principale occupation du brigandage. Les Bédouins campent en été sur des collines, d'où ils découvrent de loin tous ceux qui vont et viennent. Les troupeaux restent dans les vallées, et lorsqu'ils n'y trouvent plus de subsistance, le camp se lève et se transporte ailleurs; ce qui arrive à peu près tous les quinze jours. Au retour de l'hiver, ils quittent les collines, vont vers le midi, jusqu'à Césarée de Palestine, et hors de l'enceinte des montagnes du Carmel; ils campent dans des vallons ou sur le rivage de la mer. Leurs tentes sont faites de poil de chèvre, et teintes en noir.

Quoique les Bédouins soient ce que l'on

peut appeler un peuple libre, ils ont néanmoins des chefs appelés scheiks, qui commandent à un nombre d'Arabes plus ou moins grand. Mais ils n'ont point de rois, et le chef principal n'a que le titre d'émir, ou de commandant général. C'est ainsi que se qualifie le chef des Wahabis, qui a soumis la majeure partie des Bédouins à sa domination.

Ces peuples, si adonnés au pillage, et dont la vie ressemble à celle des brigands et des pirates, ne sont ni cruels, ni méchans. Ils exercent les devoirs de l'hospitalité et la civilité à leur manière, et ne manquent jamais de fidélité à l'étranger qui les fréquente de bonne foi. Ils vivent et en usent avec lui comme entre eux, avec beaucoup de franchise. Ils suivent la loi de la nature, au moins d'après les notions qu'ils en ont. Ils ne croient pas, par exemple, que ce soit un crime de dépouiller les passans, parce qu'ils prétendent que toutes les nations qui les environnent sont leurs ennemis, et qu'en les volant, ils les mettent hors d'état de leur nuire; mais ils n'ôtent jamais la vie à qui que ce soit, si ce n'est pour défendre la leur. En examinant de près et sans préjugés la conduite de nos armateurs, et même de quelques princes européens, on trouverait peut-être de quoi excuser la vie militaire des Bédouins.

Leur religion est la même que celle des Turcs. Ils suivent la loi de Mahomet, qui était issu lui-même de la race des Arabes Ismaélites; mais ils sont plus superstitieux que dévots. Le peuple, qui ne sait ni lire ni écrire, se contente d'écouter ce qu'on lui dit, par occasion, de l'Alcoran, et ne fait consister les préceptes de cette loi que dans la circoncision, le jeûne et la prière. On peut aisément en imposer à des hommes aussi ignorans que les Bédouins; aussi le chef de la secte du wahabisme a-t-il fait parmi eux de nombreux prosélytes. Ils parlent souvent de Dieu qu'ils craignent, et fort peu de religion, sur laquelle ils sont très tolérans, même à l'égard des chrétiens, à qui ils laissent une entière liberté. Les Bédouins observent le ramazan comme les Turcs; mais les jeunes-gens et les vieillards peuvent se dispenser du jeûne, quand leur dévotion est au-dessous de leurs forces, et on ne punit pas, comme en Turquie, ceux qui le rompent.

Chacun fait sa prière en son particulier, sous des tentes, ou au milieu de la campagne, sans aucune affectation. Ils remarquent à peu près l'heure à laquelle ils doivent la faire, et ils s'en acquittent, les uns plus tôt, les autres plus tard, parce qu'ils n'ont point de tente, dans leur camp, qui leur serve de mosquée, ni d'iman pour les y convoquer à des heures réglées. Mais les vendredis et les jours du ramazan, les émirs, les scheiks, et les autres principaux Arabes font étendre des tapis et des nattes au milieu du camp, ou dans quelque lieu propre et agréable, et ils prient Dieu en commun. Les lettrés qui s'y rencontrent, font la fonction d'iman; et s'il en est quelqu'un qui soit capable de leur faire une exhortation, ils l'écoutent avec beaucoup d'attention et de respect, après quoi chacun se retire.

A l'égard des ablutions prescrites par Mahomet, les Bédouins ne peuvent pas remplir ce précepte aussi régulièrement que les Turcs. N'ayant point la facilité de trouver de l'eau toutes les fois qu'elle serait nécessaire, ils sont obligés d'attendre les occasions, et lorsqu'elles se rencontrent, ils en profitent pour s'acquitter de ce devoir. Quelquefois ils se plongent dans la mer, lorsqu'ils croient avoir besoin d'une purification plus forte; et cette délicatesse de conscience est générale parmi eux.

La circoncision n'a lieu à l'égard des enfans mâles, que lorsqu'ils sont dans un âge à pouvoir s'en souvenir. Les parens mettent du miel dans la bouche de l'enfant, et on bat le tambour pendant la cérémonie, pour l'apaiser et le distraire. Les enfans des émirs, des scheiks et des autres personnages considérables, sont circoncis avec appareil. On leur donne des habits magnifiques qu'ils portent pendant quelque temps, et tous ceux qui assistent à cette fête sont régalés avec profusion. Quelquefois on fait des sacrifices à la naissance et lors de la circoncision d'un enfant. Alors on égorge quelques animaux, en invoquant le nom de Dieu, et après les avoir écorchés, on en distribue la chair aux pauvres, en leur demandant leurs prières.

Les Bédouins reconnaissent l'unité, l'immensité de Dieu, la félicité dont les justes jouiront dans l'autre monde, et des peines destinées aux méchans. Si ce qu'on dit des mœurs constantes de ce peuple et de son caractère national, était en tout parfaitement exact et vrai, ce serait un peuple admirable. Toute notre politesse ne mériterait pas d'être mise en comparaison avec sa simplicité et son humanité naturelle, nous aurions l'écorce, le jargon des vertus de société, mais il en aurait l'ame, l'esprit et l'expression. Il y a sans doute dans cette opinion quelque chose d'exagéré, mais ce que l'on peut assurer, c'est que les Bédouins ont des vertus particulières, qui deviennent chaque jour plus rares chez la plupart des autres peuples. Les plus remarquables sont la modestie dans leurs paroles et dans leurs actions, l'attention à entretenir la paix et l'union, à bannir les jalousies, les altercations, les médisances, et cet esprit de rivalité qui en est la source.

Naturellement graves, sérieux et modérés, les Bédouins le sont encore par art jusqu'à l'affectation. Une fois parvenus à l'âge d'être mariés, ils osent à peine rire des choses les plus plaisantes. Ils ont même pour principe que l'air riant ne sied qu'aux filles et aux jeunes femmes. Ils parlent peu et jamais sans nécessité.

Ce qui paraît singulier dans des gens de ce caractère, c'est que s'ils ont chez eux des femmes, des enfans ou de grands parleurs, ils écoutent leur babil avec une tranquillité et une patience vraiment stoïques, sans les interrompre, ni leur répondre, quand même ils parleraient tout le jour. Pour se faire écouter d'eux, et qu'ils prennent plaisir à vous entendre, il faut parler d'un ton doux, égal, sans précipitation, s'énoncer aisément, dire beaucoup de choses en peu de paroles, et surtout ne choquer personne par des allusions piquantes; n'employer ni la raillerie, ni la dérision, ni la médisance dans le discours. Ils prêtent beaucoup d'attention à ce qu'on leur dit, et ne répondent que long-temps après que l'on a achevé de parler. En ce point, ce pays est l'antipode moral de la France.

S'il survient quelque différend entre eux, et qu'insensiblement ils arrivent au point de se mettre en colère, ils s'apaisent promptement, reviennent à eux-mêmes, et se remontrent les uns aux autres leur devoir par des raisonnemens, des comparaisons, des sentences. On les voit rarement se frapper, bien qu'ils en viennent quelquefois jusqu'à tirer le poignard. Après la plus vive querelle, ils se réconcilient facilement et franchement sans garder la moindre rancune, pourvu toutefois qu'il n'y ait point eu de sang répandu. Mais si un Arabe en tue un autre, l'amitié est rompue à jamais entre leurs familles et toute leur postérité. Elles n'ont plus de communication ensemble, plus de commerce, ni d'alliance. Si elles se trouvent dans quelque intérêt commun, ou s'il est question de quelque mariage proposé, la partie sollicitée répond froidement que cela ne se peut pas, qu'il y a eu du sang de répandu entre les deux familles, et qu'elle a son honneur à conserver. Ils ne se pardonnent pas là-dessus jusqu'à ce qu'ils se soient vengés; mais en attendant l'occasion de le faire bien à propos, ils gardent exactement tous les dehors de la modération et de l'honnêteté. Le chagrin qu'ils ont, les uns de se voir obligés à cette vengeance, les autres d'y être exposés, est sans doute l'une des raisons qui les engagent de se traiter réciproquement avec civilité, et à éviter tout ce qui pourrait fournir un prétexte à de nouvelles animosités. Jamais ils ne s'enivrent, jamais ils ne jouent de l'argent. L'Arabe du désert se nourrit de dattes, de millet, de dourah et du lait de ses brebis; par goût et par nécessité il est extrêmement sobre.

Les Arabes portent la barbe dans toute sa longueur, et ils ont pour elle un respect qui va jusqu'à l'idolâtrie. Ils la considèrent comme un ornement sacré que Dieu leur a donné pour les distinguer des femmes, et comme une marque essentielle d'autorité et de liberté. A l'exemple de leur prophète, jamais ils ne la rasent;

c'est même un point de religion. C'est chez eux une marque d'infamie que de couper la barbe à quelqu'un, et il est des Arabes qui préféreraient la mort. L'un d'eux, ayant reçu un coup de mousquet dans la mâchoire, aimait mieux se laisser mourir, que de permettre que le chirurgien lui coupât la barbe pour le panser. Il eut toutes les peines du monde à s'y résoudre; et lorsque l'opération fut faite, il ne voulut se montrer à personne que sa barbe ne fût repoussée, et jusque-là il eut toujours le visage couvert d'un voile.

Les femmes baisent la barbe de leurs maris, les enfans celle de leurs pères, quand ils viennent les saluer. Les hommes se la baisent réciproquement, et des deux côtés, quand ils arrivent de quelque voyage. Dans leurs visites, une de leurs principales cérémonies est d'y jeter de l'eau de senteur, et de la parfumer avec du bois d'aloès qui lui donne une odeur agréable. Quand ils la peignent, ce qu'ils font tous les jours en finissant la prière, ils étendent un mouchoir sur leurs genoux, ramassent superstitieusement tous les poils qui en tombent, et les plient dans du papier, pour les porter au cimetière, à mesure qu'ils en ont une certaine quantité. Une belle barbe longue et épaisse est parmi eux un objet de vénération; ils la regardent comme un signe de prédestination. Il ne faut que voir cette barbe, disent-ils, pour être persuadé que celui qui la porte est un homme de bien, que Dieu favorise de ses graces particulières. Si, ce qui arrive sans doute quelquefois, un Arabe, à belle barbe, tombe dans quelque faute sérieuse, quel dommage pour cette barbe! disent-ils alors!, que cette barbe est à plaindre!

Après leur barbe, les Bédouins n'ont rien de si cher que leurs jumens. Ils les préfèrent aux chevaux, parce qu'elles sont plus dociles, qu'elles résistent mieux à la fatigue, à la faim, à la soif, et surtout parce qu'elles ne hennissent point, ce qui leur est fort commode dans les embuscades où ils se mettent pour surprendre et détrousser les voyageurs. Peu curieux de connaître leurs propres aïeux, les Arabes le sont beaucoup de savoir la généalogie des étalons qu'ils emploient au service de leurs cavales. Ils donnent le nom de *kochlani* aux chevaux nobles, et celui de *kadishi* à ceux de l'espèce commune, qui se vendent infiniment moins cher. Ils ne font jamais couvrir les jumens d'extraction noble, que par un étalon de la même qualité. Cela se fait en présence de témoins qui en donnent une attestation signée et scellée devant le secrétaire de l'émir ou de quelque autre personne publique. Dans cet acte on cite les différentes générations de la race de ces animaux, et les noms de leurs ancêtres. Il en est que l'on prétend issus des haras de Salomon, et dont on conserve la généalogie depuis deux mille ans. On a le plus grand soin d'en tenir la race pure. Ceux-ci supportent, dit-on, les plus grandes fatigues, passent des jours entiers sans manger, et se jettent sur l'ennemi avec impétuosité. Les meilleurs sont élevés par les Bédouins dans les déserts du nord.

Quand la jument a fait un poulain, on dresse un second acte avec les mêmes formalités ; on y certifie le temps, la naissance, le sexe, la figure, le poil et les marques du poulain, et cet acte décide dans la suite du prix de l'animal. Tous les moyens sont employés pour prévenir la supercherie, et cet objet est pour eux d'une importance si imposante qu'ils se feraient scrupule de favoriser la fraude. Un cheval de race distinguée se vend de huit cents à mille piastres fortes. La légèreté et la délicatesse sont les traits caractéristiques de la jument arabe. Les chevaux sont plus robustes et plus gros.

Un Bédouin avait une jument dont il nous fit voir la généalogie avec sa filiation, de tous les quartiers de père et de mère, à remonter jusqu'à cinq cents ans. Il pleurait de joie en la caressant, en l'embrassant, et lui donnait mille bénédictions, pendant des heures entières qu'il raisonnait avec elle. « Mes yeux, lui disait-il, « mon ame, mon cœur, je t'ai élevée « dans ma maison comme ma fille; je ne « t'ai jamais battue, ni grondée; je t'ai « caressée de tout mon cœur. Dieu te con- « serve, ma bien aimée; tu es belle, tu « es douce, tu es aimable. Dieu te pré- « serve du regard des envieux! » Il l'embrassait ensuite, lui baisait les yeux, et sortait à reculons, en lui faisant les adieux les plus tendres et presque aussi ridicules que ces caresses que l'on voit faire à de petits chiens par des femmes qui font à peine attention à leurs enfans.

Les jumens sautent les ruisseaux, les fossés, aussi légèrement que des biches, et si le cavalier qui les monte vient à tomber dans le plus fort de leur course, elles s'arrêtent tout court, et lui donnent le temps de remonter. Ce qui les rend si dociles et si douces, c'est la manière dont elles sont élevées. Elles n'ont pas d'autre écurie que la tente de leurs maîtres. Jamais ceux-ci ne les battent ; ils les caressent au contraire, parlent et raisonnent avec elles, et en prennent un soin particulier. Pour les garantir des maléfices, ils ont des talismans qu'ils leur pendent au cou. Ce sont certaines oraisons enfermées dans un papier ployé en triangle, et mis dans une bourse de cuir de la même forme. Une chose assez singulière, c'est que ces animaux aiment tellement la fumée du tabac, qu'ils courent après ceux à qui ils voient une pipe allumée. Quand on leur en souffle au nez, ils se dressent après l'avoir aspirée, et montrent les dents comme pour témoigner leur contentement.

Les Arabes n'ont point d'autres logemens que leurs tentes. Celles de l'émir sont comme toutes les autres, et ne diffèrent que par la grandeur. Il en a plusieurs, une pour lui, une pour donner audience, une pour ses femmes, et d'autres plus petites pour les domestiques, qui y font la cuisine et ce qui concerne le ménage. La disposition du camp est circulaire, autant que le terrain le permet. Les tentes de l'émir sont au milieu, celles des Bédouins tout au tour, mais à trente pas environ de distance, par respect pour lui et pour ses femmes.

Les gens du commun n'ont pour tout meuble que des nattes sur lesquelles ils couchent, et quelques couvertures. Leurs ustensiles de ménage consistent en quelques chaudrons, deux ou trois jattes de bois, dans lesquelles ils servent le potage et les viandes, un petit moulin à bras, des cruches pour mettre la boisson, et des sacs de poil de chèvre pour serrer leurs habits. Les émirs, les scheiks, les gens notables, sont mieux meublés; ils ont des matelas, des tapis et de belles couvertures, les unes de coton, piquées d'or et de soie; les autres d'étoffe de soie, à fleurs d'or et d'argent, ou en broderie. Ils ont des coussins de velours, de drap et de satin. On coud des draps blancs aux couvertures, mais ceux de dessous sont rayés de plusieurs couleurs, parce que le blanc étant la couleur de la religion, ils craindraient de la profaner s'ils se couchaient dessus.

Chez les émirs, les scheiks et autres Arabes qualifiés, la table est un grand morceau de cuir taillé en rond, qu'on étend par terre sur une natte. La vaisselle est de cuivre, les cuillères de bois, et les tasses d'argent, de porcelaine ou de faïence. On ne met point de nappe. Tous les plats sont servis sur le cuir qui est bordé de galettes et de cuillères. On n'a pas non plus de fourchettes, c'est même une marque de dévotion de ne point en faire usage. Les Bédouins disent que Mahomet a donné des indulgences à ceux qui mangeraient avec trois doigts; c'est ainsi qu'ils prennent la viande. Comme elle est coupée par pièces et cuite au point de pouvoir être séparée, ils ne se servent point de couteau. Le potage, le bouilli, les ragoûts, le rôti, l'entremets, les salades, les fruits, tout est servi en même temps. On mange sans boire; mais après le repas, on va boire, se laver les mains, prendre le café et fumer du tabac.

Les gens du peuple mangent encore plus malproprement. Ils prennent à poignée, dans de grandes jattes, la viande, le riz et le pillau. Dès qu'ils ont mangé, ils vont boire à longs traits dans une grande cruche qu'ils se passent successivement, et après s'être lavé les mains, avec de la terre et du savon, ils fument et prennent le café. L'un et l'autre est d'un usage universel parmi les personnes des deux sexes.

Le pillau, qui est le ragoût le plus ordinaire des Bédouins, n'est autre chose dans ce pays, que du riz qui a bouilli un peu de temps dans l'eau ou dans du bouillon de viande, avec du safran, des raisins secs, des pois et de l'ognon, jusqu'à ce qu'il soit cuit à demi. On le retire, et on le laisse bien couver auprès du feu pour le faire enfler; on y jette ensuite du beurre roussi, du poivre et du sucre.

Le pain est une des parties essentielles de leurs repas; ils n'en cuisent qu'à mesure qu'ils en ont besoin, parce qu'ils le pétrissent sans levain, et il n'est bon à manger que le jour même qu'il est cuit. Ils font du feu dans une grande cruche de grès, et lorsqu'elle est échauffée, ils détrempent la farine, et l'appliquent ensuite avec la paume de la main sur le dehors de cette cruche. Cette pâte, presque coulante, s'étend, et se cuit en un instant; le pain se fait aussi au four, et c'est le meilleur, mais il n'est bon comme l'autre que le premier jour.

Les Arabes, moins scrupuleux que les Turcs, boivent du vin quand ils en trouvent l'occasion. Ils disent que la défense du Prophète est moins une loi qu'un conseil. Ils ont encore une boisson composée d'abricots, de raisins et d'autres fruits secs, qu'ils mettent la veille infuser dans l'eau. Ils la servent à table avec les viandes, dans des jattes. Ceux qui veulent en boire, la puisent avec une cuillère. Les émirs et les scheiks sont les seuls qui fassent usage du sorbet.

L'habillement des chefs arabes diffère peu de celui des Turcs. Les autres n'ont qu'une grosse chemise à longues manches, un caleçon de toile, un cafetan de coton fait en forme de soutane, qui descend jusqu'à mi-jambes, une sangle de cuir où pend un poignard, et un manteau de bouracan, rayé de blanc et de noir. En hiver ils ont des vestes composées de plusieurs peaux d'agneaux, dont ils mettent le poil en dedans quand il fait beau, et en dehors quand il pleut. La pluie coule sur la laine sans pénétrer jusqu'à la peau; lorsqu'elle est mouillée, ils ne font que secouer la veste, et elle se sèche à l'instant. Pendant les grandes chaleurs, ils mettent par dessus leurs habits ordinaires des robes de toile blanche, faite comme des chemises et très amples. Leur turban est un petit bonnet de drap rouge, entouré de mousseline, dont ils font pendre un bout en forme de panache; et l'autre, qui est beaucoup plus long, ils le passent autour de leur cou pour le garantir de l'action du soleil.

Les Bédouines sont vêtues avec la même simplicité que leurs maris. Elles n'ont ordinairement qu'une chemise de toile bleue, et un cafetan par dessus, avec un grand voile sur la tête, dont elles s'enveloppent le cou, et se couvrent le bas du visage jusqu'au nez. L'hiver, elles portent des camisoles piquées avec du coton, et elles se chaussent avec des babouches.

Les femmes des émirs, des scheiks et des Arabes qualifiés, s'habillent d'une façon fort élégante. Elles ont des chemises de mousseline, brodées de soie, ainsi que leurs caleçons; de petites camisoles de drap d'or, de satin, ou d'autres étoffes de soie, qui ne joignent que par deux boutons au-dessus d'une petite ceinture. Le haut de la camisole est ouvert le long de la poitrine, afin que le sein soit à l'aise et paraisse un peu par le milieu. Leurs vestes de dessus sont de satin ou de velours, ou même de brocard d'or. Elles ont aussi des cafetans faits comme les camisoles ordinaires, mais qui descendent jusqu'aux pieds, et dont elles se couvrent en hiver. Leur coiffure est un bonnet d'étoffe d'or ou d'argent fait à peu près comme une écuelle, entouré d'une mousseline brodée en or et en soie, avec un bandeau de gaze qu'elles portent sur le front. Lorsqu'elles sortent, elles mettent par dessus leur coiffure un grand voile de mousseline, qui leur couvre le visage, la gorge et les épaules, et descend jusqu'à la ceinture.

Leurs souliers ou babouches sont petits et façonnés; pour aller dehors, elles se servent de bottines plissées.

Quand elles vont en visite ou à la promenade à pied, elles ont aux jambes des cercles garnis de petits anneaux qui pendent autour, et qui forment comme des gerbes. Ces anneaux et cette quantité de pendeloques plates attachées au bout de leurs cheveux nattés en long par derrière, sont autant de sonnettes qui avertissent que ces femmes sortent ou qu'elles passent; alors tous ceux qui sont sur le chemin, se retirent pour ne pas les regarder. C'est surtout dans les visites que les femmes se rendent mutuellement, et dans les premiers jours de leurs noces, qu'elles déploient toutes les richesses et tout le brillant de leur parure.

Les mariages se traitent ici avec le même mystère qu'une intrigue galante en Espagne et en Italie. Quand un jeune Bédouin est amoureux d'une fille, ou par imagination

(car les Arabes n'ont aucune communication avec les femmes ni avec les filles d'autrui), ou parce qu'il a entendu parler d'elle, sa première démarche est de chercher à la voir, ce qu'il obtient quelquefois du père même qui le fait coucher dans sa tente, ou de la fille qui, s'apercevant des desseins de son amant, laisse tomber son voile comme par hasard, et se laisse voir quelques momens, lorsqu'elle se croit jolie. Alors le jeune homme la fait demander par ses parens. On traite du prix de la fille, que le gendre doit payer au beau-père, en moutons, en chameaux, en chevaux, jamais en argent. Ce prix est toujours proportionné au mérite et aux qualités de la fille, à la considération dont jouit sa famille, et au revenu de celui qui la recherche. Il y a entre ces peuples et nous cette différence, qu'ici on n'a pas vu sa femme, et elle n'apporte pas de dot; en France, parce qu'on la voit, on ne l'épouse souvent qu'à cause de la dot.

Les Bédouins sont des maris très fidèles, et n'ont jamais qu'une femme, quoique la loi de leur prophète leur permette d'en avoir plusieurs. Ils méprisent ceux d'entre eux qui, à l'exemple des émirs, entretiennent des concubines. Les femmes arabes vivent ordinairement isolées de la société des hommes, mais la vie pastorale des Bédouins procure aux deux sexes un peu plus de facilité de se voir; aussi le désert est-il le théâtre de ces vives passions que les romans arabes nous peignent. Une taille élancée, semblable au jonc flexible, des hanches d'un volume immense, deux pommes de grenade sur un sein d'albâtre, des yeux vifs et languissans comme ceux de la gazelle, des sourcils bien arqués, une chevelure noire et bouclée qui flotte sur un long cou, tel est, selon les poètes du pays, le portrait d'une beauté arabe. Les femmes du peuple, dans les plaines maritimes, ont le teint d'un jaune foncé; mais, dans les montagnes, on rencontre, même parmi les paysannes, des traits, une taille et un teint que ne désavoueraient ni la Grèce ni l'Italie.

Les Arabes n'ont ni avocats, ni avoués, ni greffiers de profession, ni même de ces sergens qui, chez les Turcs, vont appeler les parties en jugement. Ils choisissent communément pour juge de leurs démêlés le Bédouin le plus instruit du camp. Dans les affaires importantes, c'est l'émir qui juge, sur la déposition des parties et des témoins, toujours de vive voix, et sans rien écrire. Son jugement est exécuté sur-le-champ et sans appel. Un scheik juge dans les lieux où l'émir n'est point, mais ce n'est point en dernier ressort. Les Bédouins ont le plus rarement qu'ils peuvent recours à l'émir ou au scheik. Ils s'adressent plutôt à leurs égaux, et surtout à ceux qu'ils croient les plus désintéressés. Ils plaident sans crier, et sans s'interrompre; il n'y a ni démentis ni invectives réciproques. Ils s'en rapportent toujours à la décision des arbitres qu'ils ont choisis, et exécutent de bonne foi ce qui a été jugé.

Leurs procès ne sont guère occasionés que par le commerce qu'ils font ensemble, en vendant, en achetant ou en échangeant leur bétail et leurs denrées. Lorsqu'ils font quelque troc, ils jettent une poignée de terre sur l'objet de leur échange, et disent devant témoins : *nous nous donnons terre pour terre*. Ces paroles une fois prononcées, le marché est consommé de manière à ne pouvoir plus être rompu. De la manière dont vivent les Arabes, il ne leur arrive guère d'avoir des affaires criminelles ; mais, en ce cas, l'émir pourrait faire donner des coups de bâton, pendre, décapiter ou couper la barbe du coupable : on nous a assuré qu'il y avait peu d'exemples de ces sortes d'exécutions.

Les Arabes ne montrent pas moins de modération dans leurs plaisirs que dans les affaires. Ils passent des journées entières à prendre du café, à fumer, à s'entretenir des histoires qu'ils ont entendu raconter à leurs pères, ou qu'ils ont reçues de leurs ancêtres par tradition. Quand ils ne s'assemblent point, et ne font pas la petite guerre, les uns montent à cheval pour se promener, d'autres vont à la chasse du sanglier qu'ils tuent à coups de lance, ou à celle du lièvre et de la gazelle qu'ils forcent avec des levriers. La gazelle est une bête fauve inconnue en Europe; elle s'apprivoise aisément, et les Orientaux l'aiment beaucoup à cause de sa douceur et de sa gentillesse. Cet animal a de grands yeux noirs, et une sorte de timidité qui ressemble à la pudeur d'une jeune fille. C'est à cet animal que l'Arabe compare sa maîtresse ou sa jeune épouse, lorsqu'il veut, en peu de mots, faire le portrait et l'éloge de ses charmes.

Les divertissemens des femmes ne consistent qu'à se visiter, à causer ensemble, à chanter et à danser. Leurs instrumens sont des tambours de basque, des cliquettes ou castagnettes et des flûtes de bois ou de roseau ; elles s'en servent pour accompagner leur voix et pour danser. Les hommes et les femmes dansent rarement en public; ils ne croient cet exercice permis que dans l'intérieur des maisons.

Les Bédouins ne connaissent pas d'autre médecin que Dieu qui a écrit, disent-ils, sur le front des hommes le temps qu'ils doivent vivre. Toute la médecine ne pourrait donc les empêcher de mourir quand l'heure en est venue. Cependant lorsqu'ils sont malades, ce qui leur arrive rarement, ils prennent les remèdes que certaines femmes botanistes composent. Ils ont aussi de la foi aux talismans, et à certaines oraisons qu'on leur fait réciter. Les blessures qu'ils reçoivent souvent dans leurs expéditions, les ont convaincus de l'utilité de l'art de la chirurgie, et ils honorent ceux qui en font profession ;

maisquelquesmiracles qu'on leur rapporte des secours de la médecine, ils n'y ajoutent aucune foi.

C'est cependant de chez le peuple arabe que sont sortis les plus fameux médecins orientaux. Le célèbre *Avicenne* était Bédouin. Ses écrits, si connus en Europe, ne le sont pas moins en Turquie et en Arabie, où ils sont lus et pratiqués. Il n'y a que les Arabes du désert qui en ignorent l'existence, et n'ont pas même envie de les connaître ; ce qui ne les empêche pas de vivre très long-temps. On voit communément parmi eux des vieillards de cent ans, qui n'ont jamais été malades.

Lorsqu'un Bédouin est mort, on le lave, on le coud dans un drap, et plusieurs hommes le portent, en chantant des prières, au cimetière commun, dans un endroit élevé et écarté du camp. Les hommes ne pleurent point sur le défunt, parce qu'ils ont l'espérance de revoir leurs parens ou leurs amis dans le paradis. Les femmes pleurent, crient et s'arrachent les cheveux, parce que, ne devant point être admises au séjour des bienheureux, mais logées seulement dans les déserts avec les chrétiens, elles ont la douleur de penser qu'elles ne verront plus, après la mort, celui qu'elles ont aimé durant leur vie.

Immédiatement après les funérailles, les héritiers du défunt partagent également sa succession, en s'accommodant entre eux, tantôt par l'autorité de l'émir ou du scheik, tantôt par l'arbitrage de leurs amis; il est rare qu'ils aient des discussions à ce sujet. Leur succession d'ailleurs est peu de chose; la nature de leurs biens qui ne consistent qu'en tentes, en meubles et en bétail, ne donnant pas matière à procès. Du reste les nations les plus policées, ne professent pas une vertu aussi pure, et n'offrent point des mœurs plus franches ni plus humaines.

Nous eûmes, dans ces contrées désertes,

un spectacle assez curieux, c'est le passage d'une caravane. Il en est de plusieurs espèces. Les unes sont des pélerinages que font à la Mekke des peuples rassemblés de tous les états de l'empire ottoman. Elles ont un rendez-vous général, d'où elles partent au jour marqué, par la route qui leur est assignée. D'autres n'ont pour objet que le commerce. Elles sont composées de trois à quatre mille chameaux conduits par cinq ou six cents hommes. Les marchands choisissent cette façon de voyager dans l'Arabie comme la plus sûre et la moins coûteuse. C'est une de ces dernières que nous vîmes passer. Elle marche sous les ordres d'un conducteur auquel chacun est obligé d'obéir. Il est escorté de cent cinquante hommes de garde, qui, montés sur des dromadaires, doivent mettre la caravane à l'abri de l'insulte et du pillage.

Dès que le conducteur a donné le premier signal du départ, les chameliers arrangent l'équipage ; au second signal, la caravane se met en mouvement. Deux soldats marchent à la tête, et doivent toujours précéder la troupe d'un quart de lieue pour avertir qu'on se tienne sur ses gardes, s'il y a du danger. Les autres soldats qui composent le corps de la caravane, se tiennent presque toujours au milieu, rassemblés sous un drapeau ; mais si les gardes avancés viennent donner l'alarme, ils se divisent alors, et forment deux corps dont l'un se place à la tête de la troupe, et l'autre à la queue. En même temps les conducteurs de chameaux allument leur mèche, et tout se range en corps d'armée.

Les Arabes errans, qui sont les seuls voleurs à craindre, se présentent montés sur d'excellens chevaux ; ils sont extrêmement attentifs à surprendre les gardes, à épouvanter les chameaux, et à ne pas laisser à la troupe le temps de se réunir. Ils ne se montrent guère sans faire quelque butin, parce que les chameaux effrayés se dispersent de côté et d'autre. Mais lorsqu'on est averti à temps, les chameliers font coucher leurs chameaux, leur lient les jambes de derrière, et quand ils les ont mis ainsi en sûreté, ils s'avancent avec les gardes, et présentent à l'ennemi le mousquet et le pistolet. Ces vagabonds, qui n'ont pour arme que la lance et le sabre, n'osent pas essuyer la décharge de la mousqueterie, et prennent la fuite avec précipitation. Ils ont d'ailleurs pour principe d'éviter tout engagement qui pourrait compromettre la vie des autres aussi bien que la leur. Ils n'en veulent qu'à la bourse et au butin des voyageurs; ils ne les maltraitent ni de paroles ni de coups; et après les avoir poliment dépouillés, ils les laissent aller et leur offrent même le café.

Ces brigands forment quelquefois une espèce d'armée de sept à huit mille hommes, pour piller la riche caravane qui va une fois tous les ans en pélerinage à la Mekke. Ils entretiennent des espions qui s'informent secrètement de l'état des caravanes, des marchandises qu'elles portent, du nombre des cavaliers qui les composent, et du chemin qu'elles doivent prendre. Instruits de ces détails, ils préviennent le départ des voyageurs, pour en avertir leurs camarades; et ceux-ci vont attendre la caravane dans les défilés et dans des lieux couverts, où ils se mettent en embuscade pour la surprendre. S'ils la trouvent d'une force à peu près égale à la leur, pour éviter le combat, ils députent quelqu'un de leur troupe, qui fait des propositions d'accommodement. Si elles sont acceptées, ils reçoivent la somme qu'on convient de leur donner, et après avoir pris ensemble le café, on se quitte bons amis. La somme exigée est plus ou moins considérable, selon que les Arabes sont plus ou moins en état d'en imposer par leur nombre.

Les chameaux, dans ces sortes de voyages, marchent en liberté, comme un troupeau de moutons, sans observer d'ordre. Leur allure est très lente, et quoiqu'ils fassent de grands pas, ils ne font pas plus de chemin dans un jour qu'un homme qui va d'un pas ordinaire. En marchant treize heures de suite, ils ne font pas plus de neuf à dix lieues par jour. C'est le grand caravanier qui donne l'ordre de s'arrêter, et qui fixe les lieux du campement. Alors les conducteurs lâchent les chameaux dans la campagne, pour y chercher de quoi se nourrir. Ils n'y restent qu'une heure ou deux, reviennent ensuite, et dorment ; mais ce sont de tous les animaux ceux qui prennent le moins de repos. Aucune bête de charge ne vit ni si aisément, ni à si peu de frais, et ne reste si long-temps sans boire. Ils sont quelquefois quatre jours sans se rafraîchir ; et toute leur nourriture consiste en quelques feuilles sèches et brûlées qu'ils trouvent sur les buissons. A défaut les chameliers leur mettent dans la gueule une boule de pâte qu'ils avalent et ruminent tout une journée.

Les chameaux, pendant l'hiver, sont revêtus d'un poil long et frisé comme la laine des brebis. Cette toison tombe au printemps, et quand on les revoit en été, ils paraissent si efflanqués et si secs qu'on les prendrait pour des animaux d'une autre espèce. Leur poil se file comme la soie, et sert à fabriquer ces beaux camelots d'Orient qui doivent leur nom à ces animaux. Le chameau est naturellement tranquille et doux; on le mène sans bride, sans collier, sans fouet, au seul son de la voix. Il y en a de deux espèces, le chameau de charge, justement appelé par les Arabes le *navire du désert*, parce que, sans cet animal, il leur serait difficile, pour ne pas dire impossible, de traverser les déserts de sable, dont cette région est couverte; et le chameau coureur ou le dromadaire. Celui-ci est plus léger, plus agile, plus propre à la course, tandis que le premier est plus propre à porter des fardeaux.

Indépendamment des chameaux, des dromadaires et des chevaux, l'Arabie possède une excellente race d'ânes qui se vendent à grand prix, et dont les qualités approchent de celles des mules. Dans l'Yemen, les soldats font avec ces ânes les patrouilles et tout le service qui n'est pas de parade. Ces animaux servent aussi de monture aux pélerins musulmans pour la longue et pénible route de la Mekke. Les autres animaux communs dans l'Arabie sont le chakal, l'hyène, le singe, le jarboah ou rat de Pharaon, l'antilope, le bœuf sauvage, le loup, le renard, le sanglier, la grande et la petite panthère. La perdrix peuple les plaines, la poule pintade les bois, et le faisan les montagnes; l'autruche se multiplie dans le désert. Le poisson abonde sur toutes les côtes; celle du sud-est nourrit la pinne-marine, et une immense quantité de tortues de mer, ressource de tribus entières. Les tortues de terre sont aussi en grande abondance en Arabie. C'est la nourriture des chrétiens les jours d'abstinence.

On voit quelques bocages sur les montagnes de l'Arabie, mais il ne paraît pas y avoir de forêts proprement dites. Dans la classe des palmiers, ce pays possède le dattier, le cocotier, et le grand palmier à éventail. Parmi ses autres arbres naturels ou cultivés, on distingue le figuier, l'oranger, le sycomore, le bananier, l'amandier, l'abricotier, l'arbre à chapelet, l'acacia du Nil, la sensitive et d'autres de l'espèce appelée *mimosa*. On tire partie du coignassier et de la vigne; et parmi les arbustes et les plantes, on distingue le ricin, le séné, tous d'eux d'usage en médecine; l'amarante globuleuse, le lis blanc, et le grand *pancratium*, l'aloès, le styrax et le sésame qui remplace l'olivier.

Le froment, le blé de Turquie, le *dourra*, couvrent les campagnes de l'Yemen et de quelques autres contrées fertiles. On y cultive aussi l'indigo, l'*ouars*, plante qui teint en jaune, et le *foua* qui sert à teindre en rouge. La charrue est simple; on se sert de pioches au lieu de bêches. Les soins principaux de l'agriculture consistent à amener dans les terres ensemencées l'eau des ruisseaux, des mares ou des puits. A la moisson, on arrache les épis avec leurs racines; le fourrage se coupe avec la faucille.

L'Arabie renferme une population d'environ dix à douze millions d'ames. Réunie sous un seul chef, elle serait redoutable aux Persans, aux Turcs, à l'Afrique.

LETTRE IX.

PERSE. — Arménie persane. — L'Adjerbijan. — Le Ghilan. — Le Mazendéran. — L'Irak-Agémi. — Villes principales.

Une tradition ancienne attribue l'origine des Persans à un fils de Sem. La fable les fait descendre de Persée, fils de Jupiter et de Danaë. L'histoire, à laquelle il est plus dans l'ordre de s'en rapporter, ne remonte qu'au règne d'Achémène, père de Cambyse, qui fut, dit-on, le premier roi connu des états de Perse. Cyrus, fils de Cambyse, recula les bornes de ce royaume, et la Perse, jusqu'alors inconnue, parut comme la reine des nations. Sa gloire effaça celle des autres empires. Les successeurs de Cyrus y ajoutèrent de nouvelles provinces. La Grèce elle-même, cette nation belliqueuse, vit ses campagnes désolées par les troupes innombrables des monarques persans. Alexandre-le-Grand porta la guerre en Asie, dépouilla Darius de ses états, et devint maître de la Perse.

Depuis la mort de ce fameux conquérant, cette vaste monarchie fut déchirée par les guerres, les dissensions intestines, jusqu'à l'époque où Arsace, roi des Parthes, s'en empara. Ses successeurs, appelés de son nom *Arsacides*, la possédèrent pendant six cents ans. Elle eut ensuite divers souverains qui s'en étaient rendus maîtres, les uns, par ce que l'on appelle droit de conquête, les autres, en usurpant l'autorité. Un certain Ismaël ou Safi, autrement Schaho-Safii de la famille d'Ussum-Cassan, se disant de la famille d'Ali, gendre de Mahomet, s'empara de la couronne à la faveur de cette imposture, et sa famille en resta en possession pendant l'espace de deux cents ans. Elle régnait encore au commencement du dix-huitième siècle, lorsque le célèbre Thamas-Koulikan qui, de simple soldat, était parvenu à la dignité de grand visir, força le roi Schah-Thamas à renoncer au trône, et lui succéda. Depuis la mort de ce nouveau prince qui fut assassiné par ses propres parens, la Perse est devenue la proie de factions qui la déchirent et l'exposent aux incursions de voisins ambitieux, qui se sont déjà emparés d'une partie de son territoire. Cette puissance compte encore un assez grand nombre de provinces. Parmi celles qu'elle a perdues, elle doit sans doute regretter l'Arménie qui est une des plus intéressantes sous tous les rapports.

L'Arménie, souvent citée dans les histoires sacrées et profanes, est regardée comme le pays que peuplèrent d'abord les personnes échappées au déluge. On prétend même que le paradis terrestre y était situé; mais on a tant de fois placé et déplacé ce jardin merveilleux, qu'on ne peut rien statuer de positif à cet égard. Quelques-uns croient qu'Aram, petit-fils de Noé, eut en partage l'Arménie, d'autres cherchent à ce nom une étymologie différente. Quoi qu'il en soit de ces conjectures plus ou moins absurdes, cette contrée est par elle-même bien digne d'être connue; elle a été le théâtre de grands événemens et de sanglantes batailles; elle a eu à différentes reprises ses rois particuliers, mais ils n'ont pas su défendre leurs états.

Nul conquérant n'attaqua l'Arménie sans la soumettre. Haïcus fut le premier qui réduisit les Arméniens sous une forme de gouvernement, et leur puissance ne fit qu'augmenter sous ses successeurs, jusqu'au règne d'Areus, surnommé le beau, qui fut vaincu par Sémiramis. Cette reine, que le crime venait de placer sur le trône de Syrie, fit de l'Arménie une province de son vaste empire. Ce pays fut de nouveau gouverné par des rois particuliers, jusqu'au règne d'Alexandre, qui s'en rendit maître. Durant la minorité d'Antiochus-le-Grand, plusieurs généraux firent révolter les provinces dont le gouvernement leur avait été confié. L'Arménie fut divisée en deux royaumes, appelés la grande et la petite Arménie. Le commencement du règne de Tigrane fut l'époque de la grandeur des Arméniens, et la fin, le temps de leur décadence. Tour-à-tour soumis aux Parthes et aux Romains, quelquefois à l'une et à l'autre puissance en même temps, ils supportèrent tous les malheurs, et presque tout le poids des guerres des peuples rivaux.

Ces troubles durèrent jusqu'à la réduction de l'Arménie en province romaine par Trajan, sous l'empire de Marc-Aurèle. Elle fit ensuite partie de celui des Persans et des Turcs qui, après avoir long-temps combattu pour la possession entière de ce pays, finirent par le diviser entre eux. Il est résulté de ce partage, que la Haute-

Arménie, ou l'Arménie-Majeure, est devenue une province de Perse, et l'Arménie-Mineure une province de Turquie. La première a déjà passé sous la domination de la Russie, et les Khanats d'Érivan et de Nackchivan sont annexés à l'empire russe, sous la dénomination de province arménienne. Tout fait présumer que l'Arménie turque ne tardera pas à éprouver le même sort.

Nous vîmes d'abord *Julfa* la vieille. C'était autrefois une ville considérable; ce n'est plus qu'un amas de trente à quarante maisons ou cabanes. Rien de plus hideux que ce canton; il n'offre pas un seul arbre, pas même l'ombre de verdure. L'ancienne ville s'étendait sur les bords de l'Araxe, et y formait un long amphithéâtre. Elle fut ruinée par Abbas-le-*Grand*, roi de Perse, qui voulait empêcher les Turcs de s'y fortifier. Il est pénible de penser que tant de princes ou de conquérans à qui l'on a prodigué la qualification de *grand*, loin d'avoir été les bienfaiteurs de l'humanité, n'en ont été que le fléau.

A sept lieues de Julfa, on trouve *Naschivan*. Cette seconde ville, moins ruinée que la première, n'est cependant que l'ombre de ce qu'elle fut autrefois. Si l'on en croit certains auteurs, on y comptait quarante mille maisons; à peine y en a-t-il deux mille aujourd'hui. Le milieu de la ville est ce qu'il y a de mieux bâti; il offre de grands bazars, plusieurs caravanserais, des bains et d'autres édifices publics, mais la plupart sont plus utiles que magnifiques. Naschivan paraît être l'ancienne Artaxarte, et si ce n'est qu'une conjecture, elle est du moins fondée sur la vraisemblance, et sur une histoire qui se conserve dans le plus ancien monastère de toute l'Arménie. Ce fut aussi Abbas-le-Grand qui ruina et dépeupla Naschivan, après l'avoir conquise sur les Turcs. Il en usa sans doute ainsi, parce qu'il n'espérait pas la conserver.

De cette ville, qui est regardée comme la capitale de la Haute-Arménie, on fait environ vingt lieues pour arriver à Érivan, autre capitale plus considérable que la première. Le pays que l'on traverse est rempli de villages; il est aussi très fertile et bien cultivé. Cette ville est grande, mais sale, et moins peuplée qu'elle ne paraît devoir l'être en raison de son étendue. Des jardins occupent la plus grande partie de son enceinte. Les principaux bâtimens sont l'évêché et l'église, bâtis l'un et l'autre sous les derniers rois d'Arménie; la mosquée de Deuf-Sultan, nom de son fondateur, et quelques caravanserais. Tous ces édifices sont d'un goût assez médiocre.

La ville est située entre deux fleuves, l'un nommé le Zenguy, l'autre d'un nom arménien qui signifie quarante fontaines, parce qu'il a un pareil nombre de sources. La principale place est de forme carrée, très vaste, et entourée d'assez beaux arbres. Elle sert aux exercices usités chez cette nation, tels que les carrousels, les courses, la lutte, le manége, etc. La forteresse est séparée de la ville, et en forme pour ainsi dire une autre. On y compte jusqu'à huit cents maisons qui toutes étaient habitées par des Persans naturels, avant que cette ville fût annexée à l'empire de Russie. Les Arméniens mêmes n'y avaient que des boutiques, pour le jour seulement, mais ne pouvaient pas y passer la nuit.

Cette forteresse est défendue d'un côté par trois murailles de brique, garnies de créneaux, mais sans régularité. Un précipice épouvantable, au fond duquel passe le fleuve Zenguy, la défend du côté opposé. C'est dans cette citadelle et sur le bord du précipice même que se trouve le palais du gouverneur; situation qui semble rappeler à cet officier, les périls qui dans tout empire, et surtout dans ceux de l'Asie, avoisinent toujours les grandes places.

Le fleuve Zenguy traverse une partie de l'Arménie, et tire sa source d'un lac situé à trois petites journées d'Érivan. Ce lac est très profond et a vingt-cinq lieues de circonférence. On le nomme en langue persane, *le lac Doux*, parce que son eau est effectivement très douce, il produit jusqu'à neuf espèces de poissons. Au centre de ce lac est une petite île, au milieu de laquelle est un monastère fondé depuis plus de sept cents ans, dont le prieur a titre d'archevêque et prend celui de patriarche.

L'Arménie est un pays fertile, et généralement très agréable. On y respire un air fort sain quoiqu'un peu épais. L'hiver y est long et rude; les neiges surtout y sont fréquentes et fort considérables. Il arrive aussi, quand toutes les plaines en sont couvertes, que les rayons du soleil, dardant sur cette neige, éblouissent les voyageurs, et leur causent aux yeux une douleur cuisante qui les affaiblit.

Pour s'en garantir, les gens du pays ont la précaution de mettre devant leurs yeux un mouchoir de soie verte ou noire qui diminue le mal.

La rigueur de l'hiver dans cette contrée est telle qu'elle oblige les gens de la campagne à enterrer les vignes, aussitôt qu'il commence à se faire sentir, et ils ne les découvrent qu'au printemps. On sait ou au moins l'on dit que ce fut notre bon père Noé qui le premier cultiva la vigne. La tradition des anciens porte que ce fut en Arménie que ce patriarche fit cet heureux essai. Les habitans en montrent la place, à une petite lieue d'Érivan. Si cela est, Noé dut s'applaudir de sa tentative; car le vin que l'on recueille dans ce canton est excellent.

On en peut dire autant de tout le territoire d'Arménie; il produit abondamment tous les fruits et toutes les denrées nécessaires à la subsistance et à l'entretien des peuples qui l'habitent. Le gibier et le poisson y sont presque aussi communs que les fruits de la terre. On vante particulièrement les truites et les carpes d'Érivan. Enfin l'Arménie est un des meilleurs cantons de l'Asie.

Les savans qui ne considèrent pas la partie géographique de la Genèse, relativement au lieu où est placé l'Eden ou paradis terrestre, pensent que le mot *Eden* signifie toute la Perse, comme le pays le plus anciennement civilisé, en opposition avec la terre des Nomades, la terre de misère, le *Nod*, où s'exila Caïn, souillé du sang de son frère. Les quatre fleuves de l'Oxus, de l'Araxe, de l'Euphrate et du Tigre, baignaient l'Eden. Le jardin enchanté où vécurent les premiers hommes fut désigné sous le nom persan et chaldéen de *Pardès*, d'où les Grecs ont fait *Paradisos*, nom qui désignait les parcs du roi de Perse, et qui est donné à beaucoup d'endroits, même hors de la Perse proprement dite.

L'*Adjerbijan*, autre province de ce royaume, renferme une partie de l'ancienne Médie, dont *Tauris* est la capitale. Tauris n'est, dit-on, autre chose que la fameuse Ecbatane, bâtie par Déjocès, prince qui du rang de simple particulier s'éleva sur le trône. Cet exemple n'est pas rare, mais ce qui l'est davantage, c'est que Déjocès ne devint roi que parce qu'il s'était acquis la réputation d'homme juste; chose bien remarquable chez un peuple aussi féroce, aussi indiscipliné, que l'étaient alors les Mèdes. Les malheurs attachés à l'anarchie leur firent connaître le besoin d'avoir un chef, et celui qu'ils choisirent, était précisément le plus propre à remplir leur attente. Il leur donna des lois et, qui plus est, des mœurs. L'histoire nous a transmis une partie des révolutions qu'éprouva ce royaume, qui redevint une province de Perse, comme il l'était sous les successeurs de Cyrus.

Tauris elle-même a essuyé bien des vicissitudes. Fondée ou du moins rebâtie par la femme du célèbre Aaron-el-Raschid, calife de Bagdad, elle fut presque entièrement renversée par un tremblement de terre. Relevée de nouveau avec plus d'étendue et de magnificence, un autre tremblement de terre plus violent que le premier la ruina tout entière en une nuit. Plus de quarante mille hommes furent accablés sous les ruines de leurs maisons. Cette ville a été rebâtie une troisième fois, et a éprouvé de nouveaux malheurs. Aucune place n'a peut-être été plus souvent prise, reprise et saccagée.

Tauris est située au bas d'une montagne, qu'on croit être le Mont-Oronte, fort souvent cité dans les auteurs anciens. Un petit fleuve nommé Spingtcha passe au travers de cette ville; un autre plus considérable que n'est la Seine à Paris, la côtoie au septentrion. L'eau en est salée pendant six mois de l'année, parce qu'alors il est grossi par des torrens qui, avant de s'y jeter, passent sur des terres couvertes de matières salines. Tauris renferme sept mille maisons et un pareil nombre de boutiques; ce qui forme deux genres de bâtimens séparés. Les boutiques sont placées au centre de la ville, dans des rues voûtées, très longues, très larges, et dont la voûte s'élève de quarante à cinquante pieds de hauteur. Ces lieux, qu'on nomme bazars ou marchés, sont éclairés par des dômes, et remplis d'une infinité de marchandises. Leur forme intérieure, jointe au peuple nombreux qui les fréquente, offre un coup-d'œil des plus frappans.

Les maisons occupent le contour et l'extérieur de cette vaste cité, qui compte plus de cent mille habitans, sans y comprendre un nombre prodigieux d'étrangers que le commerce y attire. Tauris a été la résidence des monarques de la Perse pendant plusieurs siècles. Elle fait encore un grand commerce en soie. On y prépare une grande quantité de peaux de chagrin, dont les Persans se servent pour leurs souliers. On y compte jusqu'à trois cents caravanserais qui ne servent que d'asile aux étrangers, car ceux-ci sont obligés de se pourvoir eux-mêmes de ce dont ils ont besoin. On ne voit à Tauris que peu de maisons ou de palais que l'on puisse qualifier de magnifiques; mais on y trouve plusieurs belles mosquées, couvertes de briques vernissées, et où l'on a prodigué l'albâtre, qui est commun dans les environs.

Dans le nombre de ces mosquées, on en distingue une dont tout le dedans et une partie de l'extérieur sont dorés. Elle a été bâtie par un roi de Perse, qui se faisait nommer *Géoncha*, ou le roi du monde. De très petits rois orientaux se sont plus d'une fois arrogé ce titre fastueux. La mosquée, qu'on nomme *des deux tours*, n'est remarquable que par ces tours mêmes. Elles sont d'une architecture singulière, en ce que la tour supérieure a beaucoup plus d'étendue et de diamètre que celle qui lui sert de base. On voit, au bout et à l'occident de la ville, un très joli ermitage que les Persans nomment les *yeux d'Ali*. Cet Ali, gendre de Mahomet, était, disent ses sectateurs, le plus bel homme qu'il y ait jamais eu. C'est par cette raison que, pour désigner une belle chose, ils l'appellent les *yeux d'Ali*.

Les ruines sont nécessairement nombreuses dans une ville qui a essuyé tant de siéges et tant de révolutions. Aussi est-il peu de rochers ou de pointes de montagnes voisines de Tauris, où l'on ne remarque des restes de forts ou d'autres édifices. Le palais des derniers rois était situé au midi de la ville. Celui qu'habitait le célèbre Cosroès, était placé à l'orient. Les Arméniens disent que ce fut dans ce château que ce prince mit en garde les dépouilles sacrées qu'il avait emportées de Jérusalem, parmi lesquelles se trouvait la vraie croix.

Ce qui nous a paru le plus frappant dans Tauris, c'est l'étendue de la place d'armes qui pourrait contenir plus de trente mille hommes rangés en bataille. Elle est aussi des plus fréquentées, surtout le soir. C'est le temps où le menu peuple vient y jouir de différens spectacles, tels que les tours d'adresse et les bouffonneries des saltimbanques, les combats de taureaux et de béliers, les danses de loups. Ce dernier passe-temps est un des plus agréables pour le genre de spectateurs que je viens de citer. Ils ont aussi des lutteurs, et même des acteurs qui récitent certains morceaux de poésie. Tels furent les premiers essais dramatiques chez les Grecs, et en France; mais je doute que Tauris produise jamais un Sophocle et un Corneille.

L'air qu'on respire à Tauris est extraordinairement sec, mais fort sain. Le froid y est plus vif, et y dure plus long-temps que dans beaucoup d'autres endroits de cette province persane. La ville est exposée au nord et dominée par des montagnes qui, durant neuf mois de l'année, sont couvertes de neige. On y voit des nuages dans toutes les saisons; mais il y pleut rarement pendant l'été.

A dix lieues de Tauris, en s'avançant vers l'Arménie, on trouve *Marant*, ville composée d'environ deux mille cinq cents maisons, et presque d'un pareil nombre de jardins, ce qui fait plus que doubler son étendue. Cette ville est assez belle, sans rien offrir de remarquable. Cependant une tradition arménienne porte que Marant fut le lieu de la sépulture de Noé. La principale raison qu'on en donne est que le nom de *Marant* dérive d'un verbe arménien, qui veut dire enterrer. Cette raison nous a paru peu concluante pour assurer un fait aussi important, mais les bonnes ames n'y regardent pas de si près.

Marant est située au bout d'une plaine qui peut avoir cinq lieues de long, sur une de large, et traversée par un petit fleuve, dont on a tiré plusieurs ruisseaux pour arroser des terres et des jardins. Les fruits de ces jardins sont les meilleurs, et cette plaine la plus riante et la plus fertile de l'Adjerbidjan. Ce nom signifie, en langue persane, pays du feu. On nomme ainsi cette province, soit parce que l'on croit que le culte du feu y a pris naissance, soit pour faire allusion aux éruptions volcaniques auxquelles cette contrée est sujette. Il paraît certain que le plus célèbre temple du feu y fut autrefois bâti. Le culte de cet élément que Zoroastre a introduit parmi ses sectateurs, et qui est l'un des plus anciens dont la connaissance soit venue jusqu'à nous, existe encore chez les Guèbres de la province d'Adjerbidjan. Ils montrent le lieu où était bâti le temple dont il s'agit. Ce temple n'existe plus, mais si on les en croit, le feu sacré occupe toujours la même place. Ils disent que ceux que la dévotion y conduit le voient sortir de terre en forme de flamme. Ils ajoutent qu'en creusant cette terre et en y plaçant une marmite, on voit à l'instant bouillir ou cuire ce qu'elle renferme. Nous n'avons point vérifié ce prétendu prodige; mais vous savez qu'en fait de religion la foi fait tout.

Le gouvernement de la province d'Adjerbidjan est le premier du royaume de Perse. Il y a peu de différence entre la cour des gouverneurs et celle du roi même. Ce prince leur envoie, pour l'ordinaire, ses ordres par un *coulomcha*, officier, dont le nom signifie *esclave du roi*. Ce n'est pas que ceux que l'on désigne ainsi, soient réellement esclaves. Ils ont, à la cour de Perse, à peu près le même emploi que les gentilshommes ordinaires ont à celle de France. Ils sont presque tous enfans de qualité, et entrent quelquefois au service de la cour dès l'âge de cinq ans. Leurs appointemens sont assez modiques; ils augmentent en proportion de la bienveillance que le roi leur porte, et cet accroissement n'est jamais à la charge du prince. Veut-il faire entrer dans la bourse d'un coulomcha, dix, quinze et jusqu'à vingt mille francs de notre monnaie? Il envoie ce noble courrier porter des ordres à quelque riche gouverneur. Celui-ci est obligé d'habiller le coulomcha dès l'instant de son arrivée, de le bien traiter, de le divertir durant tout le temps de son séjour, et de lui faire un présent considérable à son départ.

Le prince a quelquefois recours au même expédient pour satisfaire les artistes et même les ouvriers qui travaillent pour lui. Il les envoie porter quelque nouvelle favorable à un seigneur de sa cour, et le présent que ce dernier est obligé de leur faire acquitter la dette.

Il est une autre espèce de courriers à l'usage des gouverneurs de province. Ceux-là sont chargés des ordres les plus pressans, et voyagent toujours en poste, ou du moins en courant à pied lorsqu'ils ne trouvent pas de chevaux à leur disposition, car il n'y a point de postes établies dans cette contrée. Ces sortes de courriers persans ont le droit de démonter les voyageurs qu'ils rencontrent. Il faut alors que ceux-ci courent ou fassent courir après leurs chevaux jusqu'à la première traite; car il est défendu à ces courriers d'en faire plus d'une sur le même cheval. On peut, au moyen de quelque argent, ou d'une résistance vigoureuse, éviter d'être démonté, mais il est rare que cette résistance ait lieu. Le plus sûr est d'ouvrir la bourse ou de mettre pied à terre.

Ce récit ne donne pas, sans doute, une haute idée de la police de cet état; elle est, en effet, bien inférieure à celle qui règne en France. On ne connaît bien nos avantages à cet égard, qu'après avoir parcouru l'Asie, l'Afrique et même une partie de l'Europe. Le plus sûr moyen de fermer la bouche aux frondeurs, serait de les contraindre à voyager. S'ils ne revenaient pas meilleurs patriotes, ils seraient du moins des critiques plus circonspects.

Nous parcourûmes la province de *Ghilan* que nous avons trouvée fertile, agréable, mais malsaine. Les nombreuses rivières et les montagnes boisées y rendent l'air épais. En traversant les forêts dont elle est remplie, on ressent subitement des maux de tête et un malaise qu'on ne peut attribuer qu'aux fortes exhalaisons des plantes, des arbres et des eaux stagnantes. L'extrême humidité de l'air introduit la rouille même dans les montres que l'on garde avec le plus de soin. Les habitans ont observé que les femmes, les mulets et la volaille y jouissent d'une bonne santé. Juin, juillet et août sont les mois les plus malsains de l'année. Il pleut ordinairement et avec force dans les mois d'octobre, novembre et décembre. On nous a dit qu'en 1741, il tomba une si grande quantité de neige dans le Ghilan, que, pendant plusieurs jours, les habitans ne purent communiquer entre eux que par le toit de leurs maisons qui ne sont pas très hautes.

Le printemps y dure plusieurs mois. Les prés et les bois sont toujours émaillés de fleurs. Le sol, extrêmement fertile, produit du chanvre, du houblon, et presque toutes sortes de fruits sans culture. Les oranges, les limons, les pêches et les grenades y viennent en abondance. Ici les lianes étouffent les chênes, les ormes, les frênes, sous le luxe brillant, mais funeste, de leur végétation parasite. Les ceps de vignes s'attachent aussi aux arbres, et croissent naturellement sur les montagnes; mais, faute de culture, le raisin n'est pas bon pour faire du vin, à moins qu'on ne le mêle avec d'autre. La principale production est la soie. Les femmes ont les yeux bleus, les cheveux blonds, la figure petite, les traits délicats ainsi que la taille. Leurs enfans sont beaux dans le bas âge, mais les mâles changent en grandissant. Les hommes sont maigres, sales, et d'un caractère léger. La population est évaluée à cinquante mille familles.

Rescht est la capitale de la province de Ghilan. Elle est située au milieu de la mer, dans le canton le plus favorable à la culture de la soie, dont il s'y fait un commerce considérable. Cette ville peut contenir trois mille maisons; on y compte deux mille métiers pour la fabrication de la soie. La seule ville qui mérite encore d'être citée est *Anzelly* ou *Inzelly*, qui jouit de l'avantage d'un port fréquenté par les bâtimens russes d'Astracan.

La province de *Mazanderan*, que nous avons visitée au sortir du Ghilan, y ressemble beaucoup par la nature de son sol et de son climat. De hautes montagnes au sud, la Mer-Caspienne au nord, en forment des vallées couvertes de forêts, et entrecoupées de courans très rapides.

L'air y est, du moins en quelques endroits, plus pur que dans le Ghilan. Les habitans sont plus forts, et jouissent communément d'une meilleure santé. Ils se nourrissent de riz, de poisson et d'ail. Le froment réussit peu dans ce pays; mais on y cultive la canne à sucre, qui mûrit quatre mois plus tôt que la canne des régions de l'Amérique; elle donne beaucoup de sucre que les habitans expriment et recueillent sans art et sans soin. Ils n'en tirent qu'un sirop grossier, ou une pâte épaisse. Il est probable que le mauvais goût de ces produits pourrait disparaître par des apprêts plus soignés.

La ville principale du Mazanderan est *Balfrouch*. On y compte cinq mille maisons, et ving-cinq mille habitans. Le commerce de la soie, qui y est considérable, la rend très florissante en ce qu'il y attire beaucoup d'étrangers. Huit caravanserais sont destinés à loger les Russes et les Arméniens. *Amol*, où se travaille le fer de la province, est une ville assez jolie, au pied du Mont-Taurus, où l'on dit que campa l'armée d'Alexandre. Il y a dans Amol un fort beau palais d'où l'on découvre toute la campagne. C'est la maison de plaisance des gouverneurs du Mazanderan. On voit sur la rivière un pont magnifique de douze arches. Les jardins et les promenades de cette ville sont plantés de cyprès d'une grosseur et d'une hauteur extraordinaires. On trouve dans les environs plusieurs mines de fer, et l'on y a établi une fonderie de canons. Le Mazanderan compte environ cent cinquante mille familles; ce qui donne une population de six à sept cent mille ames.

La partie montagneuse de cette province s'appelle *Tabéristan*, nom qui signifie, en langue arabe, montagne boisée. Les chemins, dans le Mazanderan, sont très mauvais. La navigation est à peu près nulle; les bateaux, ouverts et mal gréés, ne peuvent affronter les flots ni les tempêtes. Les maisons bâties en briques ou en mortier, ont le toit plat. Ces peuples portent pour coiffure un bonnet entouré de fourrures, qui s'alonge à pointe recourbée, et pour vêtement une jacquette et un pantalon; costume qui leur donne un air plus européen que n'ont les autres Persans.

Ennuyés de ne voir que des villes de moyen ordre, nous profitâmes d'une occasion favorable pour nous transporter dans la province connue sous le nom d'*Irak-Agemi*, et nous nous rendîmes directement à *Téhéran*, aujourd'hui capitale du royaume de Perse, et la résidence ordinaire des souverains, depuis que Ispahan a été ruinée par suite des révolutions qui ont déchiré ce vaste empire. Téhéran n'est point une ville nouvellement bâtie. Elle était déjà, sous le règne d'Abbas-le-Grand, une place considérable, et les derniers sophis y ont résidé; mais depuis qu'elle est devenue le siége du gouvernement, elle a acquis une grande importance, et cette importance fait de continuels progrès.

Cette ville, située sur le Jageron, est assez jolie. Elle contient sept mille maisons qui sont bâties en terre, comme dans toute la Perse. Mais les murs ceignent un grand espace qui n'est pas encore rempli. Telle qu'elle est aujourd'hui elle renferme environ cinquante mille habitans. La ville est carrée, et dans le milieu est une autre enceinte pareillement carrée, entourée de murailles, où se trouve le palais du roi qui est très vaste et d'une grande magnificence.

Sultaniéh, Kashin, Kom, Kachan et Ispahan sont après Téhéran les principales villes de l'Irak-Adgemi. Nous ne crûmes point devoir nous arrêter long-temps à *Sultaniéh*, qui n'a de remarquable que ses dehors couverts de ruines et de décombres. On croit qu'elle fut autrefois la capitale du pays des Parthes, et qu'elle s'appelait *Tigranocerte*. Plusieurs rois de Perse y ont résidé, et les habitans assurent qu'elle fut jadis une des plus grandes villes de l'Asie, ce qui paraît assez présumable, d'après les ruines que l'on trouve dans les environs. Cette ville, située parmi d'âpres montagnes dans un climat très froid, fut, dit-on, dans le quinzième siècle, le brillant foyer du commerce de l'Europe avec l'Inde. Elle est depuis longtemps entièrement déchue.

Kasbin, place assez considérable, au midi de Sultaniéh, n'offre rien de plus curieux. Elle renferme trois mille cinq cents maisons, et tout au plus douze mille ames. On y voit encore l'ancien palais des rois, mais il est en mauvais état. Cette ville est célèbre par sa manufacture de sabres. On y travaille une grande quantité de cuivre, qu'on tire des montagnes voisines, et l'on en fait toute sorte de vaisselle bien mieux travaillée qu'en Turquie. Des caravanes y abondent continuellement, soit du Khorassan, soit de l'Adjerbidjan, et en font un entrepôt de commerce. Les habitans vantent leur raisin, qui fait leur principale richesse. Il est en effet d'une beauté et d'une grosseur surprenantes. On en tire aussi beaucoup de vin, qui, malgré la défense de Mahomet, est fort du goût des Persans; et contre sa défense aussi, ils prennent la liberté d'en boire.

Pendant notre séjour à Kasbin, nous vîmes la célébration d'une fête solennelle qui se fait en mémoire de Hossein, fils d'Ali et de Fatmé, fille de Mahomet. Cet Hossein, vaincu par les troupes du calife de Damas, se retira dans un désert; mais au bout de dix jours, il fut trouvé par des soldats qui le percèrent de coups. Le peuple fait paraître un zèle singulier pour cette solennité. Pendant les dix jours que dure la fête, on ne voit dans les rues que deuil et tristesse. Les dévots, contre leur usage, affectent un extérieur négligé et malpropre. D'autres, par excès de religion, paraissent nus en public, le corps teint de sang, et peint de couleurs lugubres : ils crient, ils pleurent et se frappent la poitrine, et font les grimaces les plus hideuses.

Un soir que nous nous promenions par la ville, un bruit effrayant vint frapper nos oreilles. Des cris lamentables d'hommes, de femmes, d'enfans, accompagnés d'un fracas et d'un tumulte extraordinaires, terminaient le jour de la fête. Nous vîmes, un moment après, des troupes d'effrénés courir çà et là, en criant de toutes leurs forces, et frappant l'un contre l'autre de gros cailloux qu'ils tenaient dans les mains. On eût dit que l'ennemi était entré dans la ville, et qu'il mettait tout à feu et à sang. On ne peut s'empêcher de rire en voyant leurs contorsions, et l'air sérieux avec lequel ils tirent la langue, pour imiter ce que la légende persane rapporte du malheureux Hossein, qui souffrit dans le désert une soif cruelle. On construit dans les carrefours et dans les places publiques de petites chapelles semblables à nos reposoirs. A côté est une chaire où un prêtre fait au peuple une exhortation pathétique sur quelque trait tiré de l'histoire du saint. Il prêche avec tant de véhémence, que les habitans fondent en pleurs, se frappent la poitrine, et paraissent pénétrés de la plus vive douleur. Le sermon fini, le peuple crie de toute sa force : *Hossein! Hossein!* Mêlant à ces hurlemens le bruit des tambours et des clochettes.

Près de *Savah*, ville à demi ruinée, nous vîmes la mosquée appelée *Samuel* où l'on dit qu'est enterré ce prophète. Nous trouvâmes aussi les vastes ruines de la ville de *Rey*, si célèbre dans l'Orient pour son antiquité, sa grandeur et son commerce, qu'on l'appelait la *reine des villes*, *l'épouse du monde* et le *marché de l'univers*. Elle passait, encore, dans le neuvième siècle du christianisme, pour la plus riche et la plus peuplée de l'Asie. Les histoires, publiées par les auteurs orientaux, sont remplies des titres fastueux qu'on donnait à cette ville. Les Persans d'aujourd'hui renchérissent beaucoup sur ces idées, et ils semblent n'avoir rien de plus à cœur que d'entretenir les étrangers de l'ancienne splendeur de la ville de Rey. Les guerres civiles, jointes aux incursions des Tartares, ont détruit cette vaste cité dont il reste à peine aujourd'hui quelques vestiges.

On est surpris, en approchant de *Kom*, de voir dans la campagne plus de quatre cents petites mosquées où reposent les corps d'autant de descendans d'Ali, qui sont révérés comme des saints. Kom est une grande ville qui a été détruite en partie par un tremblement de terre. Elle est célèbre par la magnificence de ses quais, de ses bazars et de ses temples. Elle fait un très grand commerce, en savon, en lames d'épée et en poterie blanche qui a la propriété de rafraîchir l'eau qu'on y met. Kom ne renferme plus que deux mille maisons, ce qui suppose au plus dix à douze mille habitans. Les environs abondent en froment et en coton, mais les eaux ont un goût saumâtre.

Le plus bel ornement de cette ville, et peut-être le plus beau temple de la Perse, est une mosquée superbe, où sont enterrés les rois Abbas et Séfi. On y entre par quatre grandes cours plantées d'arbres, divisées en compartimens comme des jardins et entourées d'édifices où logent les prêtres, les docteurs et un grand nombre d'étudians qui sont entretenus dans cette riche mosquée. Le portail et la porte sont de marbre, et les battans enrichis de vermeil doré. L'intérieur de la chapelle répond parfaitement au dehors. Le bas des murs est revêtu de porphyre et peint des plus vives couleurs. Le haut et le dedans du dôme sont ornés de figures et de fleurs d'or et d'azur. Au-dessus est une flèche d'or massif surmontée d'un croissant du même métal. Les deux tombeaux sont des chefs-d'œuvre de mosaïque. Les connaisseurs disent qu'on voit peu de morceaux plus riches et plus précieux, de sorte que le luxe et l'éclat qui accompagnent les rois de Perse pendant leur vie, les suivent encore après leur mort. La patrone du temple est une certaine *Fatmé*, parente d'Ali, dont le tombeau occupe le lieu principal de la mosquée. Il est couvert d'un drap d'or, et environné d'une grille d'argent. Les prêtres exposent ses reliques à la vénération des peuples, dans les temps de calamités, et, depuis plusieurs siècles, elles attirent dans ce temple une grande multitude de pélerins dévots.

De Kom nous allâmes à *Kachan* que l'on croit avoir été l'ancienne Ctésiphonte. On y voit un palais construit par Abbas-le-Grand, et des fabriques d'ustensiles en cuivre. Cette ville passe pour être infectée de scorpions, plus que tout le reste du pays. Ils y sont effectivement fort communs et fort dangereux, ce qui a donné lieu à cette imprécation familière aux Persans : *Que le scorpion de Kachan puisse te piquer la main!* La chaleur y est excessive pendant l'été. Mais elle a quantité de citernes et de sources. Son commerce est très étendu, car outre ses melons d'eau dont elle fournit Ispahan et les environs, pendant une grande partie de l'année, elle tire encore de grandes richesses de ses manufactures de velours et de soie. C'est le lieu de toute la Perse où il se fait les plus beaux satins, et les plus riches brocards d'or et d'argent. Kachan est jolie et contient cinq mille maisons.

En quittant cette place, nous nous rendîmes à *Hamadan*, qui par sa situation est une des plus agréables villes de la Perse. Elle est mal bâtie, mais ses maisons entrecoupées de jolis jardins arrosés par les sources nombreuses qui sortent des collines, forment un ensemble ravissant. Elle portait anciennement le nom d'Ecbatane, et le titre de capitale de la Perse. Les souverains y faisaient leur séjour pendant l'été qui est fort doux dans ce pays. Bâtie par Arphaxad, roi des Mèdes, il n'y avait pas de plus grande ni de plus belle ville dans toute la Médie au milieu de laquelle elle est située. Les murailles qui l'environnaient étaient remarquables. Il y en avait sept de hauteur inégale et de différentes couleurs. On les eût prises de loin plutôt pour les décorations d'un théâtre que pour l'enceinte d'une ville. Hamadan peut encore passer pour une grande place. Elle est bien peuplée, bien fortifiée. Les Juifs y sont en grand nombre, et il en vient de tous les pays voisins pour visiter les tombeaux d'Esther et de Mardochée, qu'on dit avoir été enterrés à Ecbatane. Nous allâmes voir ces monumens célèbres, dans une espèce de chapelle, au milieu de la synagogue. Ils sont construits en briques revêtus de bois peint en noir. Nous y vîmes ces bons Israélites pénétrés de la plus touchante dévotion. Ils ne parlent de ces illustres morts qu'avec cette joie et cette émotion toujours vives que les grands bienfaits ont coutume d'imprimer dans les cœurs reconnaissans. Hamadan possède aussi le tombeau d'Avicenne.

On trouve dans ce pays des montagnes qui n'ont pas moins de vingt à trente lieues de circonférence ; celle qu'on appelle l'*Elvend*, au sud-ouest d'Hamadan, est une des plus considérables. Son sommet, toujours couvert de neige, est comme un réservoir qui distribue l'eau aux campagnes d'alentour, tant il en sort de ruisseaux et de sources. Le Mont-*Bisoutoun*, à trois journées de l'Elvend, a cela de particulier, qu'il semble, d'un côté, prêt à tomber dans la plaine. On y admire un monument singulier, qui porte le nom de *Trône de Rustan*. Il consiste en deux salles taillées dans le roc vif, dont l'un est à peu près double de l'autre. La plus grande peut avoir vingt-cinq pieds de hauteur, l'autre environ quinze pieds. La première contient une statue colossale représentant un géant à cheval, qui porte sur son épaule une lance monstrueuse. Plus bas sont deux anges qui tiennent chacun un cercle à la main. Le fond de la salle est orné de trois grandes statues que les Persans disent être celles de deux de leurs rois, et d'une reine célèbre dans leur histoire. On voit aussi dans la petite salle, deux figures en bas relief, comme celles de la grande. Au bas sont plusieurs inscriptions en caractères d'une langue dont il paraît ne plus rester de vestiges.

Pressés de voir Ispahan, la merveille du royaume de Perse, nous ne nous arrêtâmes que fort peu de temps à *Kirman-Chah*, ville florissante, dans laquelle on compte trois mille maisons. Elle avait un magnifique château défendu par l'art et la nature. De vastes jardins contribuaient à son embellissement. On met encore au nombre de ses raretés ses débris d'anciens couvens de moines. Quant aux édifices publics et particuliers, ils sont généralement mal bâtis. On n'y remarque ni goût ni régularité. La plupart sont en partie ruinés. Les environs de cette ville sont très fertiles, et produisent quantité de fruits, de safran, de coton, dont les habitans tirent un parti assez avantageux.

LETTRE X.

PERSE. — Ispahan, ancienne capitale. — Le Palais-Royal. — Le Sérail. — Les Mosquées, etc.

A mesure que nous approchions d'Ispahan, nous trouvions les campagnes mieux cultivées, le paysan plus aisé, les bourgs et les villages plus nombreux. Les maisons de plaisance paraissaient se multiplier sur la route, et nous annonçaient d'avance la grandeur et l'opulence de la capitale d'un vaste empire. *Ispahan*, située sur la frontière méridionale, a environ douze lieues de tour, en y comprenant ses faubourgs, et peut contenir sept à huit cent mille habitans. Les maisons n'y ont qu'un étage, et chacune a un grand jardin, indépendamment de ceux plantés dans divers quartiers de la ville. Mais cette superbe capitale, qui faisait la gloire des Persans, n'est plus aujourd'hui que l'ombre de ce qu'elle était autrefois. On laboure les jardins, qui jadis parfumaient les avenues. On marche pendant trois heures dans des chemins qui étaient des rues, pour arriver au centre de la ville, qui ne compte plus que deux cent mille habitans. Les deux tiers de cette immense cité sont en ruines; elle conserve cependant encore assez de monumens pour satisfaire la curiosité la plus difficile.

L'origine d'Ispahan est incertaine; quelques savans la font remonter fort haut. Les uns en attribuent la fondation à Honchen, petit-fils de Noé, les autres à Juda, l'un des douze patriarches. Ce qui est certain, c'est que l'histoire n'en fait mention que depuis le fameux Tamerlan, qui la prit et la saccagea deux fois. On prétend qu'Ispahan s'est formée de deux villages qui sont encore aujourd'hui deux quartiers de la ville, et dont les habitans se haïssaient mortellement. Ils ont transmis à leurs descendans la même antipathie, qui éclate dans les défis journaliers que se font les braves des deux partis. Ils en viennent quelquefois aux mains au nombre de deux ou trois cents de chaque côté, et quoiqu'ils n'aient pas d'autres armes que des bâtons ou des pierres, les deux troupes laissent toujours quelques morts sur le champ de bataille.

Ispahan est entourée de murailles fort basses et peu solides, comme presque tous les édifices publics et particuliers: Elle surpasse en grandeur Londres et Paris, et Pékin seul peut lui être comparé. La grande place, une des plus vastes de l'univers, forme un carré long de près de deux cents toises, sur cent de large. Elle est environnée par un canal, et bordée de maisons régulièrement bâties, et couvertes en terrasses. En dehors de la place, règnent de longues galeries appelées le *Grand-Bazar* où les marchands étalent leurs denrées. Ce marché est le plus grand et le plus beau d'Ispahan ; le portail qui donne sur la grande place, ou place Royale, est d'une architecture riche et majestueuse. Il est tout entier de porcelaine peinte, et les parapets qui l'environnent sont revêtus de jaspe et de porphyre. Le milieu du bazar forme une belle rotonde surmontée d'un dôme fort élevé, qui l'éclaire parfaitement. Ce lieu est le plus fréquenté d'Ispahan. Nous nous promenâmes plusieurs fois sous ces belles galeries, et particulièrement dans les quartiers des marchands d'étoffes et des orfèvres qui sont les plus brillans. Les autres sont occupés par des ouvriers de tous les métiers, des vivandiers, des droguistes, et des écrivains dont l'occupation est comme à Paris de composer des lettres, des placets, des mémoires pour le public. Outre le grand portail, ce bazar a encore deux portes principales, dont l'une conduit à l'hôtel des monnaies, l'autre au caravanserai royal, ainsi nommé, parce qu'il est du domaine du roi. Ces bâtimens ont chacun un portail superbe, semblable à celui du grand-bazar.

On trouve, dans toutes les villes de Perse et sur les grandes routes, un grand nombre de caravanserais. Les uns sont gratuits, mais on y est si mal servi, qu'à moins de payer, on manque des choses les plus nécessaires, les autres sont affermés à des particuliers qui en rendent un revenu fixe chaque année. On est fort bien dans ces derniers, où il ne loge que des personnes riches et aisées. Dans les villes considérables, comme à Ispahan, chaque province, chaque nation, a son caravanserai. Ainsi un étranger, ou un homme de la campagne, en arrivant dans une ville, s'informe-t-il d'un logement; on lui demande de quel pays il est, et on le conduit dans le caravanserai de ceux de sa nation. Il est toutefois le maître de loger dans un autre, si bon lui semble.

La grande place est dominée par le palais des rois qui offre encore les restes de la grandeur de Schah-Abbas. C'est un des plus vastes et des plus beaux édifices du monde. Les richesses y sont entassées, pour ainsi dire, les unes sur les autres avec profusion, mais sans goût, sans délicatesse et sans art. Les Orientaux ne connaissent point ces rapports combinés, ces règles de proportion, ces nuances de goût, qui règnent dans nos appartemens, et qui plaisent plus par l'ordre et la symétrie, que par l'or et les marbres qui les couvrent. C'est le seul genre de richesse et de luxe dont les Persans font cas. Tout ce qui frappe les sens, leur paraît seul grand et magnifique; ce qui n'est pas or ou pierre précieuse, n'est, à leurs yeux, d'aucun mérite.

Le palais-royal a plus d'une lieue de circonférence. On y entre du côté de la place, par un portail très élevé, et tout entier de porphyre. Au-delà est une grande allée qui aboutit à de vastes corps de logis. Ils sont habités par des gens de tous les métiers, qui travaillent pour le roi et pour sa maison. Ces ouvriers sont gagés et nourris toute l'année, soit qu'ils soient occupés, soit qu'ils se reposent. Nous visitâmes les magasins d'étoffes et de porcelaines, et d'autres, que l'on prendrait pour autant de palais. Les salles de ces magasins ont chacune un grand bassin dont les bords sont de porphyre. Les murailles sont enrichies de jaspe, de bois précieux et de peintures. Le pavillon appelé les *Quarante piliers*, est encore plus magnifique. On y remarque surtout deux belles chambres, lambrissées de mosaïque, dont les murs sont revêtus de marbre doré. Dans l'une des deux est le trône. Les perles, les saphirs, les émeraudes y brillent sur les brocards d'or.

Le plus bel endroit du palais est le sérail. Il est environné d'une muraille si haute, qu'il n'y a point de monastère mieux fermé. Le terrain qu'il occupe est immense, et l'on y compte une infinité de petits palais où tout respire la volupté. Ce ne sont que des jardins embellis de canaux, de volières, de bassins et de pavillons dispersés çà et là. Il y a une enceinte particulière pour les enfans des rois, et une autre beaucoup plus vaste pour les sultanes disgraciées.

On voit encore sur la même place plusieurs beaux édifices qui semblent rivaliser en grandeur et en magnificence. Tels sont, entre autres, la mosquée royale et la mosquée du grand pontife. La première est un grand édifice, autour duquel règnent de longs balcons en forme de balustres. Le portail est une belle et large voûte, ornée de figures azurées, dont les niches sont de jaspe et d'émail. Les battans de la porte sont couverts de lames d'argent fort épaisses, et d'une mosaïque très brillante. Après avoir passé le portique, nous aperçûmes un beau bassin de jaspe, soutenu sur un piédestal de la même matière. Nous avançâmes ensuite, entre quatre grands portiques, vers une cour immense, au milieu de laquelle est un vaste bassin dont les bords sont aussi de jaspe.

En face du bassin s'élèvent cinquante portiques couverts de dômes, et soutenus sur des pilastres de marbre. Celui du milieu est d'une hauteur surprenante, et domine sur toute la ville. Au fond de ce portique, qui fait la principale pièce de la mosquée, est une espèce de jubé, ou de balcon qui est comme l'autel des Mahométans. Il regarde la Mekke, et c'est là que le prêtre fait la prière accoutumée. Ce jubé et toutes les murailles sont incrustés de jaspe, de porphyre et de bois de senteur, où l'on voit gravés divers passages de l'Alcoran.

Nous parcourûmes tous les corps-de-logis de cette superbe mosquée, et, comme la personne qui avait la complaisance de nous y conduire, y avait son appartement, elle nous offrit une collation à l'européenne. Nous suivîmes notre aimable guide dans une belle salle à manger, parée de tapis et de carreaux de velours. Il nous dispensa de croiser les jambes, comme cela est d'usage en Perse, et s'en dispensa lui-même en notre faveur. Nous nous assîmes autour d'une grande nappe qui fut bientôt couverte de dattes, de melons, de grenades, et de quelques bouteilles de vin de Schiras. Cette collation nous parut délicieuse autant par le choix des fruits, que parce que notre hôte en avait banni toute contrainte. Il porta le premier les santés, et nous rîmes beaucoup du précepte de l'Alcoran, qui interdit l'usage du vin.

Les melons d'eau qu'on nous servit pesaient bien chacun vingt livres. Sachant combien ils sont dangereux en Europe, nous n'en mangeâmes que très modérément, malgré leur excellent goût; mais notre hôte nous assura qu'aucun fruit n'est aussi salutaire en Perse, que le peuple en fait presque sa seule nourriture pendant neuf mois de l'année, et que les médecins voient avec chagrin le retour d'un mets dont l'usage diminue considérablement leurs revenus. Il y a des gens qui mangent jusqu'à trente livres de ces fruits sans en être incommodés. Il en vient à Ispahan une si grande quantité, qu'il s'y en consomme plus en un jour, que dans toute la France dans un mois. On en sert toute l'année sur la table des gens aisés, parce que les vieux se conservent jusqu'au retour des nouveaux. On les garde dans des caves, où il n'entre point d'air, et l'on y entretient des lampes toujours allumées, pour empêcher que le froid ne gèle cet excellent fruit.

Après notre collation, nous allâmes voir la mosquée du grand pontife, ainsi appelée, parce que ce prélat a coutume d'y officier. Elle ressemble assez à la mosquée royale, pour la construction de laquelle elle a servi de modèle. Elle n'est pas tout-à-fait aussi grande, mais elle est aussi belle et aussi riche. Les murailles en sont, de même, garnies de jaspe, et peintes de figures d'or et d'azur. Les cours sont remplies de beaux bassins pour les purifications, et plusieurs colonnes d'émail vert soutiennent le jubé qui est tout entier de jaspe. En sortant de la mosquée nous vîmes défiler un grand nombre de femmes qui y allaient. Ce qui les rend si assidues aux exercices de la religion, c'est, dit-on, qu'elles n'ont la liberté de sortir que pour aller à la prière. La dévotion fournit une sorte d'adoucissement à leur esclavage, et elles ne manquent pas d'en profiter. Les plus jeunes sont les plus exactes; bien différentes de nos dames françaises qui ne se font dévotes que sur le retour.

Indépendamment de ces deux superbes mosquées, on en compte soixante autres dans cette cité. On y compte aussi deux cent soixante-treize bains, et dix-huit cents caravanserais. Les cafés y sont en grand nombre; et, après les bains, ce sont les lieux les plus fréquentés. Les bains sont composés de trois chambres bien closes, et à l'abri du moindre vent. On quitte ses vêtemens dans la première, et l'on passe dans la troisième où est l'étuve. La seconde contient un grand bassin d'eau chaude qui se distribue par des canaux dans la troisième.

La première fois que j'allai aux bains, je crus que j'y laisserais tous mes membres. Deux grands valets, après m'avoir arrosé le corps, m'étendirent sur un lit de pierre, comme une victime qu'on va égorger. L'un des deux, avec un morceau d'une étoffe grossière, se mit à me frotter rudement, au point que je regrettai d'être entré dans ce lieu. Je souffris cependant sans rien dire; mais je ne fus plus maître de mes cris, lorsque je me sentis arracher bras et jambes avec de violentes secousses.

Peu au fait de cet usage, j'aurais volontiers assommé ces deux hommes. Ils me firent des excuses, en me montrant plusieurs personnes qui se laissaient disloquer les membres avec patience. Je les remerciai de leurs services, et dans la suite je me contentai de l'étuve sans vouloir passer outre.

Nous allions assez souvent au café, et c'était ordinairement le rendez-vous convenu avec les personnes dont nous avions fait connaissance. Tandis que les uns prennent des rafraîchissemens, que d'autres jouent aux échecs, aux dames, etc., un faiseur de contes se poste au milieu de la salle, et par ses bons mots, ses plaisanteries plus ou moins burlesques, tâche de divertir la compagnie. En même temps que le farceur épilogue de son mieux, un molla déclame contre les vanités du siècle, et d'un autre côté un poete débite des odes, des idylles, des épigrammes. C'est une chose vraiment risible que de voir ces trois champions s'agiter, se tourmenter, pour réveiller l'attention des auditeurs, qui ne songent chacun qu'à son jeu ou à ses affaires. Ici les prédicateurs et les poètes n'ont pas même, comme en France, le mérite d'amuser le désœuvrement des personnes oisives.

Un objet de curiosité bien singulier, et que l'on ne trouve sans doute qu'à Ispahan, est la *tour des cornes*, ainsi appelée, parce que, dans sa construction, il n'est entré ni bois, ni briques, ni pierres, et qu'elle n'est bâtie que des ossemens et des têtes de gazelle, et autres bêtes sauvages. On les avait prises, dit-on, dans une seule chasse que fit faire un roi de Perse, et où il se trouva plus de cent mille chasseurs. Cette tour est fort haute, et les têtes de gazelle qui ressemblent assez à celles de nos chèvres, y sont si bien arrangées, que depuis le bas de la tour jusqu'à la pointe, on la voit toute hérissée de cornes. L'histoire rapporte qu'elle fut bâtie durant un festin, c'est-à-dire, l'espace de sept à huit heures, et que l'architecte étant venu dire au roi qu'il y manquait la tête de quelque grosse bête, pour faire le couronnement, le roi, échauffé par l'excès de la débauche, lui répondit : « Où « veux-tu que nous cherchions, à cette « heure, une tête comme tu la demandes? « On ne pourrait trouver de plus grosse « bête que toi, il faut y mettre la tienne. » En même temps le prince ordonna qu'on la lui coupât, et qu'on la plaçât au haut de la tour; cet ordre fut exécuté sur l'heure.

On voit, au midi de la ville, une superbe avenue appelée *Cherbag*, qui ressemble assez à celle de Versailles. Elle est longue de plus de trois mille toises; elle est plantée de quatre rangées de platanes, et bordée de jardins et de maisons de plaisance. Plusieurs canaux et bassins animent cette magnifique promenade, ouvrage de Schah-Abbas. La rivière de Zenderoud, qui la divise en deux parties, a un beau pont construit de briques et de pierres de taille, composé de trente-six arches, avec une galerie couverte de chaque côté par une terrasse d'où l'on jouissait de la vue des jardins des environs, et du faubourg de Julfa, situé sur les bords de la rivière, mais qui est aujourd'hui en ruines. Un peu plus bas est un autre pont magnifique, dont les galeries sont plus larges, et qui a une place hexagone au centre. Une plate-forme, en faisant tomber les eaux en cascade, rend fort agréable la position d'un beau palais bâti en face, et environné de jolis jardins. C'est la maison de plaisance des rois, la plus riante et la mieux ornée qu'on puisse voir. Les eaux, les cascades, les vergers, les fleurs présentent une esquisse des plaisirs que Mahomet promet dans son paradis aux fidèles musulmans. Ce qui rend cette promenade admirable, c'est que la rivière est toujours remplie d'une masse d'eau considérable. C'est en core l'ouvrage d'Abbas-le-Grand, qui fit percer à grands frais quelques montagnes à environ trente lieues d'Ispahan, et introduisit dans le lit du Zenderoud une autre rivière, en sorte que ce fleuve est aussi large au printemps que la Seine l'est à Paris en hiver.

On se tromperait beaucoup si l'on jugeait de la beauté de la ville, d'après le tableau des merveilles que l'on y admire. Elle est en général mal bâtie. La plupart des rues sont étroites et non pavées. Les maisons sont faites de briques, les murs sont enduits d'un mortier mêlé de chaux et de talc qui jettent un très bel éclat. Ce que l'on trouve de plus remarquable dans l'intérieur des maisons, ce sont les peintures qui ornent les appartemens. Les couleurs sont plus belles et plus éclatantes en Perse que partout ailleurs, et l'air sec du pays leur conserve toujours la même vivacité. Chaque maison a, près de la porte, une espèce d'égout, où l'on jette les immondices; mais il n'en résulte aucune mauvaise odeur, à cause de la grande sécheresse de l'air. Cependant ces égouts ne laissent pas que d'avoir un inconvénient, c'est qu'étant à fleur de terre, il est aisé d'y tomber.

Pendant notre séjour en cette ville, nous eûmes plusieurs fois le plaisir des spectacles pour lesquels les Persans ont en général beaucoup de goût. Il y en a dans toutes les villes principales ; il n'est point de gouverneur un peu considérable, qui n'ait ses lutteurs, ses musiciens, ses danseuses. Les premiers sont encore ce qu'ils étaient chez les Grecs, excepté qu'ils ne s'exercent qu'à la lutte. Les musiciens et les danseuses occupent le théâtre. Tout s'y chante comme dans nos opéras; et ce qui rend l'analogie encore plus marquée, la danse y est réunie au chant; et la galanterie est l'apanage des danseuses, mais c'est là tout. Un Français chercherait vainement une Armide sur la scène orientale. Les drames asiatiques ne consistent que dans des peintures lascives de l'amour et de ses plaisirs les plus immodérés. Les actrices, pour l'ordinaire, se surpassent dans ces descriptions. Leur danse n'est ni moins expressive, ni moins indécente. Elles y joignent une légèreté extraordinaire, une volubilité, une variété dans leurs mouvemens qui étonnent. La danse n'est pratiquée que par elles dans toute la Perse. On y regarde cet exercice comme infâme, ce qui vient sans doute du déréglement des danseuses. Toutes sont femmes publiques et affichées pour telles. Cette même raison n'empêche pas en Europe les honnêtes femmes de danser, et elles font très bien ; ce serait se priver d'un exercice salutaire.

Les Persans aiment mieux prendre leurs repas à l'auberge que de l'apprêter eux-mêmes ; j'en excepte les grands et les riches qui font faire chez eux leur cuisine. La curiosité nous conduisit dans une de ces auberges. Les premiers objets qui frappent la vue en y entrant, sont trois chaudières immenses qui répandent une odeur de graisse infiniment désagréable. Le feu qui échauffe les fourneaux s'entretient avec des bruyères et des feuilles sèches, parce que le bois est extrêmement rare dans ce pays. Au fond de la boutique, derrière un rideau, sont des espèces de perrons hauts de deux à trois pieds où les convives vont s'asseoir. Nous prîmes place sur ces tristes sophas, et l'on nous servit bientôt à chacun un plat de ragoût dont la fumée répandait une odeur qui attirait les passans. C'étaient des morceaux de mouton, de chèvre, de cheval, le tout assaisonné d'une sauce fade et épaisse. Nous pensions que le rôti serait plus passable, mais il ne nous fut pas possible d'en arracher une pièce, tant il était dur et coriace. Nous n'eûmes d'autre ressource que de manger une assez grande quantité de pains, espèce de galettes minces, qu'on fait cuire en re deux plaques de fer, et qui sont délicieuses.

Au sortir de là, l'un de nous proposa d'aller au cabaret. Il y en a beaucoup à Ispahan, et nous ne fûmes pas long-temps sans en trouver. Nous entrâmes dans une grande salle qui n'avait rien de remarquable que les personnages qui l'occupaient. Les uns paraissaient transportés de la joie la plus vive, d'autres étaient comme des furieux et hors d'eux-mêmes, quelques-uns semblaient assoupis et sans mouvement. Nous examinâmes attentivement ceux qui entrèrent après nous, et nous les suivîmes dans les différens effets du breuvage qu'ils allaient prendre. C'est une décoction de graines de pavot. Avant d'en boire, ils paraissaient tristes et abattus ; lorsqu'ils en eurent avalé quelques tasses, leur tristesse dégénéra tout-à-coup en mauvaise humeur ; ils grondaient, ils s'emportaient, ils se querellaient les uns les autres. Quelque temps après la gaîté s'empara de leurs sens ;

ils se mirent à rire, à chanter, à folâtrer. Nous admirions ces changemens rapides qui faisaient passer l'individu d'une extrême fureur à une joie excessive. Enfin un stupide engourdissement succéda à ces transports, et après avoir dormi quelque temps, ils s'en retournèrent aussi tristes qu'ils étaient entrés. Tels sont les étranges effets de cette boisson, pour laquelle les Persans sont si passionnés qu'ils aimeraient mieux mourir que d'en être privés.

Les particuliers que leur aisance met à même de faire chez eux la cuisine, ne chargent point leurs tables de différentes sortes de viandes, comme font les Européens. Ils ne mangent guère que du mouton et de la volaille; mais la délicatesse et l'appétit assaisonnent leur repas. Ils n'en font que deux par jour. A midi ils couvrent leur table de laitage et de fruits tels que melons, dattes, raisins, grenades. Le soir ils se nourrissent de riz et de viande. Comme le vin leur est interdit, ils y suppléent par d'autres boissons composées, les unes de jus de citrons et de grenades, les autres d'essences de rose et de pavot. L'ambre et le musc entrent dans toutes ces compositions. Hors de leurs festins les Persans sont assez sobres, sans doute à cause de la chaleur du climat. Les repas de cérémonie se font le soir, mais les convives s'assemblent dès le matin. On leur sert alors une légère collation. Le temps qui précède le souper, se passe à fumer, à discourir, à réciter quelques vers ou à les chanter. Ces peuples ne connaissent point nos jeux de cartes, et ce n'est peut être-pas un mal, du moins à en juger par les suites funestes qui résultent de ce jeu dans toutes les parties d'Europe où il est en usage.

Il est des personnes qui pensent que de tous les plaisirs celui de la promenade est le plus insipide. C'est apparemment l'opinion qu'en ont les peuples de l'Asie.

Un Persan reste des jours entiers les jambes croisées, et croirait déroger à sa gravité, s'il allait et venait du bout d'une avenue à l'autre. Le repos et la volupté sont uniquement ce qu'il désire. Il semble donc que les carrosses et les chars devraient être fort communs chez cette nation ; l'usage néanmoins en est absolument inconnu. Les hommes vont à cheval, les femmes quittent rarement le sérail, et quand elles voyagent, elles sont portées sur des chameaux dans de grandes boîtes en forme de berceaux couverts. Cependant les jeux et les exercices du corps font partie de l'éducation des jeunes Persans. Toute la jeunesse d'Ispahan se rassemble sur la place royale certains jours de la semaine. Les uns lancent le javelot, les autres manient l'arc et le sabre ; d'autres se disputent le prix de la lutte et de la course à cheval. Il en est aussi qui font l'exercice de la course à pied, et parmi ceux-là les jeunes gens les plus habiles peuvent prétendre à la placede *chatir* ou valet de pied du roi.

Celui qui aspire à cet emploi doit, pour y être admis, aller douze fois à pied, depuis le lever jusqu'au coucher du soleil, à une colonne éloignée de la ville d'une lieue et demie, ce qui fait trente-six lieues en douze heures. La réception d'un chatir est toujours l'occasion d'une fête publique. L'espace de terrain où il doit fournir des preuves de son agilité est rempli de gladiateurs et de danseuses. Les chemins sont pavés de tapis et de fleurs, arrosés et parsemés d'essence. Il y a des deux côtés des tentes pour recevoir le monde. Ce sont comme autant de cafés où se vendent toutes sortes de rafraîchissemens et de liqueurs. On boit, on chante, on s'enivre, et toutes les fois que les trompettes annonçent le retour du valet de pied, tous se précipitent en foule, jettent des cris d'allégresse, et volent à sa rencontre. Le chatir est toujours accompagné d'une brillante escorte. Les plus grands seigneurs, les fils des ministres, et tout ce qu'il y a de plus distingué à la cour, se font un honneur de courir avec lui tour à tour. Ces courses se font au son des instrumens de toute espèce, et au bruit des applaudissemens du peuple. Vers la fin de la douzième course, le roi, accompagné de de ses favoris, va au-devant du chatir, et lui dit en passant qu'il le reçoit au nombre de ses valets de pied. Cette fête est une des plus belles qui aient lieu dans ce pays; et ce qui la rend si solennelle, c'est qu'elle se célèbre rarement.

Il est une autre fête qui se renouvelle chaque année, c'est celle du *Nauruz*. C'est le commencement de l'année solaire, et cette fête, la plus ancienne du pays, est aussi la plus solennelle. On en attribue l'origine à un roi des premières dynasties de cet empire. Ce prince, d'une merveilleuse beauté, étant monté sur son trône, pour se faire voir à ses sujets, l'éclat de sa figure, joint à celui des pierreries dont sa couronne était ornée, et que les rayons du soleil rendaient encore plus brillantes, éblouit tellement les yeux de ses peuples, qu'ils s'écrièrent à haute voix : *voici le Nauruz*, c'est-à-dire, le nouveau jour. A cette occasion, le jeune monarque institua une fête qui ouvrait l'année persane. Elle durait six jours; les cinq premiers étaient marqués par les bienfaits du prince, et le sixième par des témoignages de reconnaissance de la part de ses sujets. Le roi délivrait plusieurs prisonniers, faisait des largesses, et accordait des graces à tous les ordres de l'état. Le soir du cinquième jour, on amenait au palais un beau jeune homme qui passait la nuit dans l'antichambre de sa majesté. Le matin il entrait sans être annoncé; le prince lui demandait qui il était, d'où il venait, comment il s'appelait, et ce qu'il apportait. Le jeune homme répondait : Je suis Auguste, mon nom est *le Béni*, je viens de la part de Dieu, et j'apporte la nouvelle année.

Il avait à peine achevé ces paroles, que les chefs du peuple entraient, tenant chacun dans leurs mains un vase d'argent, où étaient différentes sortes de grains, une canne à sucre et deux pièces d'or. A la fin de la cérémonie, on apportait un grand pain; le prince en mangeait, et invitait les assistans à imiter son exemple, en leur adressant ces paroles : Voici un nouveau jour, qui est le commencement d'un nouveau mois, d'une nouvelle année; il est juste que nous renouvelions réciproquement les bienfaits qui nous unissent les uns aux autres; ensuite il donnait aux assistans sa bénédiction, et les congédiait avec de riches présens.

Cette cérémonie, qui marquait avec éclat le commencement de l'ancienne année persane, subsista jusqu'à l'invasion du pays par les Arabes. Ces barbares, dont l'année lunaire ne s'accordait point avec celle des Persans, et qui avaient d'ailleurs un éloignement prononcé pour toutes les coutumes étrangères à leurs préjugés, négligèrent cette fête, qui tomba insensiblement dans l'oubli. Un sultan la rétablit dans le cinquième siècle de l'hégire, et la fit célébrer avec une pompe et un appareil qui ont été imités par ses successeurs.

Quelques jours avant que le soleil entre dans le signe du bélier, les astronomes du palais s'assemblent pour observer le moment de l'équinoxe. Lorsqu'il est arrivé, on l'annonce au peuple par des décharges d'artillerie, et au bruit des timbales, des cors et des trompettes. La fête dure huit jours qui sont consacrés à toutes sortes de réjouissances. Il y a dans la place principale des diverses capitales, des comédies, des danses, des feux de joie, des joutes ou des spectacles, et quelquefois l'un et l'autre quand les localités le permettent. On s'assemble chaque jour hors de la ville, dans différens lieux de promenade, où le concours de monde est prodigieux. Outre plusieurs présens que l'on se fait réciproquement le jour de cette fête, on s'envoie des œufs peints et dorés. Le roi en distribue cinq à six cents dans son sérail. Les officiers de la couronne viennent saluer le monarque, et lui font leurs présens, toujours proportionnés à la fortune dont ils jouissent. Le prince, de son côté, fait des présens à ses femmes, et donne des gratifications considérables à ses eunuques. Il y a tous les jours un repas somptueux dans le palais pour tous les seigneurs qui se présentent. Les grands reçoivent dans leurs maisons les mêmes hommages de leurs inférieurs, et ne leur savent gré de ces soumissions qu'autant qu'elles sont accompagnées de présens. Tout le peuple, même dans les conditions les plus misérables, est habillé de neuf, le jour de cette fête, et les grands ainsi que les riches se surpassent les uns les autres en magnificence.

L'habillement du pays est des plus agréables et des plus galans. Pour les hommes, c'est un pantalon qui descend jusqu'à la cheville du pied, une longue chemise ou robe blanche, et une autre ouverte sur la poitrine, dont la couleur varie au gré de celui qui la porte ; ces diverses robes sont retenues à l'aide de ceintures plus ou moins riches. Ils couvrent leur tête d'un turban dont la forme et les ornemens diffèrent selon la dignité, les richesses ou le caprice. Ceux des grands et des princes sont ornés d'aigrettes flottantes, de perles, de diamans. Le monarque seul charge sa tête des emblêmes du soleil, ou du globe terrestre. Les femmes s'enveloppent la tête de morceaux de soie de différentes couleurs; leurs robes, plus courtes que celles des hommes chez les danseuses, descendent chez les femmes de condition jusqu'à la pointe des pieds. Flottant, ample et léger, cet habillement a l'air d'un costume religieux, ou d'un négligé magnifique. Leur chaussure se compose de brodequins. Le voile est de rigueur dans les villes ; il est plus ou moins ample, et il en est qui tombent jusqu'aux genoux.

Le luxe des Persans modernes rappelle, à peu de chose près, celui des anciens Perses. De vastes jardins offrent une promenade solitaire aux femmes des grands, qu'une jalousie extrême dérobe à la vue des étrangers. Les harems sont peuplés de belles esclaves qui, par une dépense énorme en parures frivoles, ruinent les seigneurs les plus riches. Outre le goût efféminé que le Persan montre pour les bijoux et les pierreries, il conserve encore l'ancien usage de se peindre en noir les sourcils et la barbe. Les parasols, les chaises à porteurs, les tapis de pied, et bien d'autres usages de luxe et de commodité nous viennent de la Perse.

Les riches mettent beaucoup d'ostentation dans leurs pompes funèbres. On leur érige pour l'ordinaire de superbes tombeaux. Les plus remarquables sont ceux des douze imans ou vicaires du prophète, que les Persans regardent comme ses seuls successeurs légitimes. Mais les convois des simples particuliers sont fort simples. Le curé et des domestiques en forment communément le cortége. Le corps est porté par les esclaves ou les amis du défunt, qui sont relayés par les premières personnes qui se rencontrent sur la route. Chacun, dans ces occasions, prête volontiers la main, et l'on voit des gens de la première considération descendre de cheval pour rendre aux morts ce pieux devoir. Quelquefois on porte devant le cercueil les enseignes de la mosquée. Dans les convois des gens de qualité, quelques chevaux portent les armes et le turban du défunt. Arrivés au lieu de la sépulture, chacun des assistans jette sur lui un peu de terre en disant : « Nous sommes à Dieu, nous « venons de Dieu, et nous retournons à « Dieu. »

Le deuil dure quarante jours, dont les huit premiers se passent dans une tristesse affreuse. On s'enferme pendant tout ce temps pour pleurer, sans autre vêtement qu'une robe de grosse toile, déchirée par lambeaux, et l'on ne prend que la nourriture strictement nécessaire à la conservation de sa vie. Le neuvième jour on va au bain, et l'on se fait raser la tête et la barbe; on prend de meilleurs habits, on commence à faire des visites. Cependant les lamentations continuent dans les maisons, non pas sans relâche comme dans les premiers jours, mais deux ou trois fois la semaine, surtout à l'heure où le défunt a rendu l'ame. Les regrets vont toujours en diminuant jusqu'au quarantième jour que le deuil finit.

Avant de quitter Ispahan, nous visitâmes les environs, et nous vîmes les paysans fouler le blé avec des bœufs et des ânes, car ils ne le battent pas comme nous, pour séparer le grain de l'épi. Ils font un grand cercle d'environ trente pieds de diamètre, autour duquel ils rangent leurs gerbes. Ils attellent ensuite ces animaux à un petit traîneau, sur lequel un homme est assis, et qu'il conduit autour du cercle autant de fois qu'il est nécessaire pour que toutes les gerbes soient bien foulées. Cette opération attendrit la paille, et la rend plus propre à servir de nourriture aux bestiaux. Comme il n'y a presque pas de foin en Perse, les chevaux n'y sont nourris qu'avec cette paille, à laquelle on mêle un peu d'orge.

Le terroir est assez fertile et bien cultivé. Ses productions sont les mêmes qu'en plusieurs provinces de Perse. Outre les arbres qui croissent en Europe, on en voit ici de particuliers aux pays méridionaux, tels que le platane, les plantes qui portent l'encens, la gomme et la manne. Le platane fait le plus bel ornement des promenades, des jardins et des villes ; il jette beaucoup d'ombrage, et les Orientaux prétendent que l'odeur qu'il répand purifie l'air, et empêche la contagion. L'arbre de l'encens ressemble à un grand poirier ; il distille cette gomme, dont les chrétiens font usage dans leurs temples, et les mahométans dans leurs festins. La manne est une autre sorte de gomme ou de rosée qu'on recueille tous les matins sur les feuilles de l'arbre qui la produit. La Perse abonde en drogues médicinales ; on y voit des champs tout couverts de casse, de séné et de rhubarbe. La rhubarbe est une racine qu'on mange ici comme on mange les betteraves en Europe.

Les Persans consomment beaucoup de glace, et nous en vîmes remplir plusieurs glacières. Curieux de savoir d'où on la tirait dans ce pays où le climat est si chaud, et où le froid se fait à peine sentir, nous apprîmes que, pendant l'hiver, il y a des gens qui vont dans les montagnes voisines, y creusent de petits bassins profonds de quatre à cinq pouces, y répandent de l'eau, qui se trouve glacée le lendemain, et réitèrent cette opération jusqu'à ce que la glace ait acquis une épaisseur suffisante. Ils la coupent ensuite par morceaux et l'enferment dans des glacières creusées dans le roc, où elle se conserve pendant tout l'été. Les Persans conservent aussi de la neige; et trouvent que sa fraîcheur est plus agréable que la glace, surtout pour les sorbets. Les jours que l'on remplit les glacières, ceux où elles s'ouvrent sont des fêtes pour le peuple, comme parmi nous le temps des vendanges.

LETTRE XI.

PERSE. — Le Kouchistan. — Le Farsistan. — Le Khorassan. — Villes principales. — Le Beloutchistan. — Le Mékran.

En quittant Ispahan, nous avons dirigé nos pas vers le sud-ouest; et après avoir traversé les monts *El-Ahwas*, anciennement nommés *Parachoatra*, montagnes de feu, nous sommes entrés dans une vaste plaine arrosée par une infinité de rivières, et où règne une chaleur humide. Le seul arbre que l'on y aperçoive est le palmier, et le riz le seul grain qu'on y cultive. C'est l'ancienne Susiane. C'est là que florissait jadis une ville célèbre, appelée Suze, et qui était alors capitale de toute la Perse. Le nom de *Suze*, qui signifie *lis*, lui fut donné, dit-on, parce que cette fleur croît en abondance dans son territoire. On croit que Memnon, fils de ce Titon que la fable fait époux de l'Aurore, fut le fondateur de cette cité. Cyrus, après avoir subjugué les Mèdes, en fit le siége de son empire. Il y avait, à ce que l'on rapporte, un superbe palais, soutenu sur des colonnes d'or, et enrichi de pierres précieuses d'une valeur inappréciable. Les murs de Suze étaient de briques et de bitume comme ceux de Babylone. Depuis Cyrus, les rois de Perse y venaient habituellement passer l'hiver qui est fort doux dans cette contrée.

C'est dans cette ville, sur le rivage du fleuve Eulée, que le prophète Daniel eut la vision du bélier à deux cornes, et du bouc qui n'en avait qu'une. Le tombeau de cet homme de Dieu s'y voyait encore dans le siècle dernier, mais on l'a transporté sur les bords du fleuve, et il est aujourd'hui couvert par les eaux. Darius, fils d'Hystaspes, que l'Écriture appelle *Assuérus*, donna à Suze ce fameux édit contre les Juifs, à la sollicitation du perfide Aman; mais Esther sut, par ses charmes, fléchir le cœur du monarque, et les larmes de cette belle juive sauvèrent la vie à toute sa nation. C'est aussi dans ce lieu que le même prince donna ce magnifique banquet qui dura cent quatre-vingt-trois jours. Lorsque Alexandre se fut rendu maître de Suze, il y trouva neuf mille talens d'or monnayés, et quarante mille en lingots. Cette superbe cité, regardée comme le séjour le plus agréable et le plus délicieux de toutes les résidences des grands rois, n'est plus qu'une misérable ville ruinée, et bientôt ce ne sera, comme tant d'autres, qu'un triste amas de décombres.

Chuster, ou *Souster*, capitale du *Khousistan*, n'est pas la même ville que Suze, comme l'ont cru quelques voyageurs. Elle est bâtie sur une élévation, et a, dit-on, pour fondateur Houcheng, petit-fils de Noé. Cette place est considérable, quoique elle ait beaucoup souffert dans les dernières guerres. Il s'y fait un grand commerce de soie et de drap d'or, dont nous vîmes plusieurs manufactures en pleine activité. La digue qui fait remonter la rivière jusqu'à Chuster, est une des plus belles qu'on puisse voir. Le Khousistan est généralement fertile. Il abonde en pâturages et en fruits excellens. Il y vient quantité de coton, de cannes à sucre, de riz et de grains de toute espèce.

De Chuster, nous gagnâmes la ville de Ragian; et après avoir passé les défilés de Zindjeran, les anciennes portes de la Susiane, nous entrâmes dans le *Farsistan*, le Persis des anciens, la plus belle province du royaume, et qui renferme la seconde ville en importance et en célébrité; son nom est Schiraz. Mais avant de nous y rendre, nous fûmes curieux de voir les ruines de Persépolis. A cet effet, nous nous engageâmes dans un chemin étroit, bordé des deux côtés de rochers et de montagnes. C'est le seul qui y mène, et c'est aussi le seul qu'Alexandre suivit avec tant de bonheur, lorsqu'il alla combattre l'armée de Darius. Les Persans se souviennent encore du nom de ce conquérant, et ses ravages y sont encore plus connus que dans aucun endroit du monde. Il fallait que l'impression qu'il a laissée fût bien terrible, puisque après tant de siècles, on montre encore avec effroi, jusqu'aux lieux où il a passé, et qu'il a dévastés, comme font tous ses pareils.

A douze lieues, au nord-ouest de Schiraz, et à trois ou quatre lieues à l'est du bourg de Mayn, se trouvent les ruines fameuses d'*Istakhar* ou *Persépolis*, ancienne capitale du royaume de Perse, détruite, non par Alexandre, comme l'ont avancé ses historiens, mais par les Arabes dans le septième siècle. On voit de loin les vas-

RUINES DE PERSÉPOLIS.

tes édifices de cette ville former, par ses débris superbes, un magnifique amphithéâtre. On ne se lasse point d'admirer l'étendue et la majesté de ces hardis monumens, dont la hauteur semble atteindre aux nues. Le plus grand de ces ouvrages, celui où il reste un plus grand nombre de morceaux entiers, est le palais de Darius; que d'autres croient avoir été un temple du soleil.

La façade de ce palais peut avoir deux cent cinquante toises de largeur du nord au midi, et cent quarante-six de l'orient à l'occident. Il est fermé de trois enceintes de murailles, dont la première a bien six cent quatre-vingt-onze toises de circonférence; sa hauteur est de vingt-quatre pieds. Les pierres qui la composent sont noires et polies comme du marbre, et d'une grosseur prodigieuse. La seconde enceinte comprend un espace d'environ soixante-deux toises de large, sur quarante-six de profondeur. Un bel et grand escalier de pierre bleue situé au nord de l'édifice en est la principale entrée. Il aboutit à un vaste portique bordé de pilastres et de colonnes de marbre blanc à demi ruinées. Quelques-unes de ces colonnes ne sont point endommagées, et les pilastres qui subsistent encore paraissent appuyés sur des figures d'animaux monstrueux et gigantesques. A droite de ce portique, à une distance de vingt-sept toises, est une terrasse soutenue par un mur de marbre de quarante-sept toises de long. On y monte par trois beaux escaliers, et c'est sur cette terrasse qu'on voit les morceaux les plus entiers et les plus curieux.

Un triple rang de figures d'hommes, hautes de quatre pieds, au nombre de plus de soixante, et toutes sur la même ligne, attire principalement l'attention. L'un de ces trois rangs a été rompu, et l'on ne voit plus que la moitié des statues. Les deux autres, qui sont dans leur entier, représentent une espèce de triomphe. C'est au moins l'opinion de quelques savans qui se fondent sur la variété des habits, des armes, et des attributs de toutes ces figures. En effet les unes paraissent enveloppées de linceuls, comme les Indiens; d'autres sont nues jusqu'à la ceinture; quelques-unes conduisent des chameaux, des chars, des captifs; la plupart portent des vases, des boucliers, des lances, qui semblent être les dépouilles de peuples vaincus.

Un autre morceau également curieux, ce sont les colonnes de marbre qui remplissent une enceinte au bas de la terrasse. Il y en a un grand nombre de renversées, mais, par celles qui sont entières, on voit aisément quelles devaient être la grandeur et la majesté du bâtiment. Ces colonnes ont plus de cinquante pieds de haut, avec leur fût et leur chapiteau. Leur grosseur est d'environ quinze pieds de circonférence. Il pouvait y avoir six rangs de colonnes, et trente-six colonnes dans chaque rang. On rencontre encore parmi ces ruines précieuses, beaucoup d'autres figures : par exemple, au bas de l'escalier principal, on remarque un lion saisissant un taureau. Mais une description totale entraînerait trop loin, et dans l'impossibilité de tout dire, il faut se borner à l'essentiel.

Non loin du palais de Darius sont deux grands monumens creusés dans les rochers de la montagne, et situés l'un au nord, l'autre à l'orient : ce sont les tombeaux des anciens rois de Perse. Leur façade est de soixante-douze pieds de long, et de plus de cent vingt de haut. Plusieurs grandes colonnes, dont les chapiteaux sont sculptés de figures d'animaux, forment le portail de ces édifices ; mais on n'y trouve point de porte, ni même aucune marque qu'il y en ait jamais eu. Au-dessus des colonnes sont les tombes, ou plutôt ce n'est que la perspective des tombes. On voit à droite et à gauche quantité de figures d'hommes et d'animaux, le tout surmonté d'un autel, où semble brûler le feu sacré, et d'une statue en forme d'adorateur. Nous eûmes la curiosité d'entrer dans ces monumens par une petite ouverture faite depuis quelques siècles, et nous n'y trouvâmes que quelques cercueils taillés dans le marbre, d'une grandeur à peine suffisante pour contenir un corps mort. Ils étaient ouverts et brisés en plusieurs endroits. Il y a apparence que les dehors brillans et majestueux de ces tombeaux ont tenté la cupidité de quelques brigands qui se sont imaginés y trouver de riches trésors.

Il fallut bien quitter ces tristes masures, débris de ces superbes monumens, la gloire de l'Orient et le siége de ses rois. Nous prîmes le chemin de Schiraz, et pendant notre route, nous mesurions des yeux la grande plaine de Persépolis qui a près de quatorze lieues de longueur. Elle est entrecoupée d'une infinité de fossés et de canaux, auxquels le fleuve Araxe fournit de l'eau en abondance. Des troupeaux de chevaux la couvraient d'un côté; on voyait de l'autre des moutons, des chameaux et des laboureurs. Au sortir de ces montagnes, nous aperçûmes la ville de *Schiraz*, où nous arrivâmes quelques heures après.

Schiraz, capitale de la province de *Farsistan*, est située dans une vallée fertile fermée de tous côtés par de hautes montagnes. Son origine est des plus anciennes. Les habitans prétendent qu'elle fut bâtie par Cyrus, qui la nomma Cyropolis; d'autres lui donnent pour fondateur *Fars*, petit-fils de Sem, et disent que c'est de lui qu'est venu le nom que porte aujourd'hui la province. L'entrée de Schiraz qui répond à la route d'Ispahan, est fort agréable. La rue a cent cinquante pieds de large, et est bordée à droite et à gauche de grands et beaux jardins comme presque toutes les autres rues. Le tour de la ville est d'environ quatre milles; elle est protégée par un mur de vingt-cinq pieds de haut sur dix d'épaisseur, avec des tours rondes de quatre-vingts pas en quatre-vingts pas. Le nombre des maisons qu'elle renferme est d'environ deux mille. La citadelle, bâtie en briques, est précédée d'une grande place, garnie d'un parc d'artillerie peu capable d'en imposer à un ennemi en forces. La mosquée de Kérim est magnifique, mais elle n'est point achevée, et, dans l'état où elle se trouve, elle est tellement négligée que les colonnes de marbre et les pilastres qui la soutiennent, menacent de tomber en ruines. Il en est de même des hôpitaux qu'on appelle ici *les palais de la santé*. Les revenus en sont administrés par des prêtres qui s'en attribuent la plus riche portion, et laissent périr les malades; ce qui a donné lieu à ce proverbe persan : *Le palais de la santé est le palais de la mort*. Le bazar dit du *vékil* mérite d'être remarqué ; il offre un magnifique assemblage de boutiques assorties de toutes espèces de marchandises. Schiraz a un grand nombre de mosquées, et plusieurs beaux édifices. Elle possède aussi un collége où l'on enseigne les sciences cultivées dans l'Orient.

On montre aux environs de cette ville le tombeau du poète Sady, et les ruines d'un monastère dont il avait la direction; car il était moine, quoique poète et homme d'esprit. On montre aussi celui d'Hafiz, l'Anacréon persan.

Il n'est point de ville dans l'univers où les vivres soient plus abondans et meilleurs qu'à Schiraz. On ne peut imaginer une vallée plus délicieuse que celle où cette ville est située. Les champs s'y tapissent d'immenses récoltes de riz, de froment et d'orge. On y mange beaucoup de fruits, des mêmes espèces que ceux d'Europe, mais qui sont infiniment plus gros, et qui ont, les abricots et le raisin surtout, plus de saveur et de parfum. Schiraz est sous le plus beau climat du monde. La chaleur et le froid y sont également modérés. Le printemps, qui est naturellement doux, donne naissance à des fleurs de toutes espèces et de toutes les couleurs qui plaisent à la fois à l'œil et à l'odorat. Le rossignol, le chardonneret et la linotte unissent, dans cette belle saison, leurs accens mélodieux. Tout fait de cette ville un séjour enchanteur. Malheureusement elle s'est ressentie des commotions politiques : prise d'assaut plus d'une fois, elle a été livrée aux flammes et au pillage.

Les autres villes du Farsistan sont aujourd'hui de peu d'importance. Komrha, Kasroun, Firouz-Abad, en sont les principales. La première ne contient que onze cents maisons; les deux autres en ont encore moins. Mais les forêts clair-semées sur les montagnes de cette province, les eaux qui en arrosent les vallées romantiques, sont d'un grand avantage pour les habitans. Les chênes, les bouleaux, les cyprès, les lentisques, ornent les montagnes; le grenadier, le platane, l'oranger, la vigne, enrichissent les plaines; les rochers mêmes ne sont pas entièrement stériles. Il en est qui fournissent une production célèbre et précieuse. C'est le *moum*, espèce de pétrole liquide, d'une limpidité parfaite, et d'une odeur agréable. On garde avec un soin religieux la caverne des parois de laquelle distille ce pétrole; le gouverneur du district de Darab, où elle se trouve, la fait ouvrir une fois par an, et en fait extraire une petite quantité qui est envoyée à la cour de Perse. Le moum passe parmi les Persans pour un baume miraculeux qui guérit promptement les blessures les plus graves.

Sur les côtes maritimes du Farsistan sont deux ports importans occupés par des cheiks arabes. Le premier est Abou-Chehr qui renferme douze cents maisons, et dont le cheik possède l'île de Bahrein, ce qui le met à même d'entretenir quelques bâtimens armés en guerre. Le second, appelé

Bender-Regh, est une place forte de laquelle dépend un domaine considérable. Nous n'avons point visité ces côtes, mais nous avons appris qu'il s'y trouve beaucoup d'Arabes indépendans qui ne subsistent, pour la plupart, que par le commerce maritime, par la pêche des perles et par celle du poisson. Leur nourriture se compose de dattes, de pain de dourra ou du produit de leur pêche. Ces Arabes, parmi lesquels la tribu des *Houles* est la plus puissante, sont, en grande partie, sunnites, et conséquemment ennemis nés des Persans avec lesquels ils ne s'allient jamais.

Le séjour de Schiraz nous avait gâtés, et ce ne fut pas sans peine que nous nous déterminâmes à faire soixante lieues, à travers un pays sec et brûlant, pour gagner la province de *Laristan*, dont *Lar* est la capitale. Cette ville, qui renferme quinze cents maisons, possède des manufactures d'armes et d'étoffes de soie. Son territoire, quoique sablonneux, est rempli d'orangers, de citronniers, de tamariniers, et surtout de dattiers. On y boit de l'eau de citerne, qu'on a soin de faire bouillir pour la purger d'un ver contagieux qui, sans cette précaution, s'établit entre cuir et chair; ce ver est aussi mou qu'un cheveu, et ce n'est pas sans douleur, ni même sans danger qu'on vient à bout de s'en défaire. *Bender-Koung* est un port très fréquenté, mais on éprouve de si grandes chaleurs sur cette côte, qu'en s'exposant aux rayons du soleil à midi, on risque d'y périr de mort subite.

Nous passâmes de là à *Ormus*, ville située dans une île du même nom, à l'entrée du golfe Persique. Cette île a quatre à cinq lieues de circonférence, et n'est éloignée que de deux lieues du continent. Le terrain en est si stérile, qu'il ne produit que du sel et du soufre. On n'y trouve pas même de l'eau, et il faut en aller chercher dans la terre ferme. Malgré cette stérilité et les chaleurs excessives qui donnent à cette île l'apparence d'une fournaise, sa rade est si bonne, sa situation si avantageuse, qu'il était passé en proverbe parmi les Arabes, que si l'univers était une bague, Ormus en serait le diamant.

Cette ville, où les Portugais avaient un riche établissement, était anciennement une des places les plus commerçantes de l'Asie. On y voyait arriver une quantité incroyable de marchands, avec les richesses de la Chine, des Moluques, de toutes les Indes orientales, de la Perse, de l'Arabie, de l'Arménie, qui se rassemblaient dans son port. Mais dans la suite les Anglais, jaloux de la prospérité des autres nations, ont suggéré à un roi de Perse d'en chasser les Portugais, et l'ont aidé de leurs forces dans cette opération. Devenu maître de l'île, le roi fit démolir les murailles de la ville, et les fit transporter à Bender-Abassi, plus connu sous le nom de *Gomrou*, port voisin, qui commença dès-lors à devenir une ville riche et florissante. Ce qui augmente la célébrité du commerce des villes situées sur les côtes du golfe Persique, c'est la multitude de perles qui s'y pêchent dans le voisinage des îles, et qui sont les plus grosses, les plus nettes et les plus précieuses que l'on connaisse.

Le jour que cette pêche doit avoir lieu, elle commence de grand matin, et est annoncée par un coup de canon. A l'instant tous les bateaux partent et s'avancent dans la mer, précédés de deux grosses chaloupes, qui mouillent, l'une à droite, l'autre à gauche, pour marquer les limites. Aussitôt les plongeurs se jettent à la hauteur de trois, quatre et cinq brasses. Au moment que l'un revient, l'autre s'enfonce, et tous sont attachés à une corde dont un des bouts tient à la vergue du bâtiment. Elle est disposée de façon que les matelots peuvent aisément, au moyen d'une poulie, la tirer ou la lâcher, selon le besoin du plongeur. Celui-ci-a une pierre liée au pied, afin d'enfoncer plus vite, et une espèce de sac à sa ceinture pour y déposer les huîtres qu'il ramasse.

Dès qu'il est au fond de la mer, il met dans son sac, le plus promptement qu'il peut, ce qu'il trouve sous sa main. S'il découvre plus de nacres qu'il n'en peut emporter, il en fait un monceau, puis remontant sur l'eau pour prendre haleine, il retourne bien vite ou envoie un de ses compagnons les chercher. Pour revenir à l'air, il n'a qu'à tirer une petite corde autre que celle attachée à son corps. Un matelot la tient par le bout, pour en observer le mouvement, donne aussitôt le signal aux autres, et à l'instant on tire le pêcheur. Un des grands dangers de cette pêche est la rencontre des requins. Il s'en trouve de si forts et si terribles, qu'ils emportent quelquefois le plongeur et ses huîtres, sans qu'on en entende jamais parler. Le travail dure ordinairement jusqu'à midi, et alors tout le monde regagne le rivage.

Quand on y est arrivé, le maître du bateau fait transporter, dans une espèce de parc, les nacres qui lui appartiennent, et les y laisse deux ou trois jours, afin qu'elles s'ouvrent, et que l'on en puisse tirer les perles. On les lave bien ensuite, et l'on a cinq ou six petits bassins de cuivre percés comme des cribles, qui s'enchâssent les uns dans les autres, de façon qu'il reste toujours quelque espace entre eux. Les trous de chaque bassin diffèrent de grandeur: le second les a plus petits que le premier; le troisième plus petits que le second, et ainsi des autres. On jette dans le premier toutes les perles grosses et menues, après qu'elles ont été bien lavées. S'il y en a quelqu'une qui ne passe point, elle est censée du premier ordre; celles qui restent dans le second bassin sont du second ordre, et ainsi de même jusqu'au dernier bassin, lequel n'étant point percé, reçoit les plus petites qu'on appelle semences de perles.

Ces divers ordres font la différence du prix, à moins que la rondeur plus ou moins parfaite, ou l'eau plus ou moins belle, n'en augmente ou n'en diminue la valeur. Toutes les nacres ne contiennent pas de perles ; mais on est toujours sûr de tirer, pour fruit de son travail, une huître d'excellent goût, et quantité de beaux coquillages, qui feraient l'ornement des plus riches cabinets.

Le port et la ville de *Gomrou* qui, avant la réduction d'Ormus, n'étaient qu'un petit village composé de quelques cabanes, forment aujourd'hui une ville très commerçante. Elle a deux châteaux vis-à-vis l'un de l'autre qui gardent l'entrée du hâvre, et sont garnis d'artillerie. Les plus belles maisons sont celles du gouverneur, et des Européens qui y font le principal commerce. Les rez-de-chaussée servent de cuisines et de magasins; les logemens sont au premier étage, assez élevé pour recevoir le vent de tous côtés contre les chaleurs excessives. Les matériaux dont on bâtit les maisons, sont un composé de terre grasse, de sable, de paille coupée et de fumier de cheval. Les maçons mêlent le tout ensemble, et en font une couche qu'ils couvrent d'une autre couche de fagots; ils y mettent ensuite le feu, et font ainsi cuire cette espèce de ciment, qui devient dur comme de la pierre. Le peuple loge dans des cabanes faites de branches et de feuilles de dattiers, seuls arbres qui fournissent du fruit et du bois propre à bâtir.

Les rues de Gomrou sont étroites, sales et irrégulières. L'air y est très malsain, tant à cause des grandes chaleurs, que par rapport au changement continuel des vents qui règnent sur cette côte. Il y pleut si rarement qu'il ne croît pas une feuille d'herbe dans les environs. Les habitans font venir leurs provisions de légumes et de fruits de l'île de Kismich, à trois lieues de la ville ; elle en produit d'excellens, de toute espèce, et en abondance. C'est leur nourriture ordinaire ; ils y joignent le poisson que la mer leur fournit, et qu'ils préfèrent à la viande dont cependant ils ne manquent point. Ils ne boivent que de l'eau, et d'une liqueur faite de dattes et de riz. Le vin y est très cher, et l'eau qu'on y apporte vient de deux lieues, et est assez rare. Les personnes aisées sont habillées à la persane, mais le peuple va presque nu. Les femmes se chargent les bras, les jambes, les oreilles et les narines d'anneaux d'or, d'argent, de cuivre ou de fer, suivant leurs moyens. Ces ornemens sont si pesans, que s'ils n'étaient pas attachés à la tête, ils leur arracheraient le nez et les oreilles.

Depuis le mois d'octobre jusqu'au mois de mai, les chaleurs sont moins fortes à Gomrou, et c'est pendant ce temps-là que se fait le plus grand commerce. On y voit arriver des marchands de toutes les nations, les Portugais exceptés; aussi ces derniers sont-ils toujours en guerre avec la Perse. Ils viennent quelquefois avec leurs frégates, assez près de cette place et de celle d'Ormus, font des descentes dans les îles voisines, pillent les habitans, et commettent mille violences. Du reste le brillant commerce de Bender-Abassi, autrement Gomrou, est bien déchu; cela doit consoler un peu les Portugais de la perte d'Ormus.

Bender-Abassi fait partie de la province de *Kerman*, dont les anciens vantaient les raisins, et qui est aujourd'hui plus connue par ses beaux schalls de crin de chameau, et par les étoffes fabriquées avec le poil soyeux d'une espèce de chèvre, semblable à celle d'Angora. La ville de *Kerman*, appelée dans le pays *Sirdjan*, est située à l'extrémité d'une vaste plaine environnée de montagnes, et est munie de fortifications considérables. La citadelle, qui renferme le palais du gouverneur, est bâtie sur la partie méridionale d'une belle place. Le bazar est bien fourni de toutes sortes de marchandises de tous les pays. On y trouve huit caravanserais, des manufactures de schalls, de mousquets, de tapis, de feutre, qui sont en grande activité. On cite encore dans cette province *Bemm* ou *Bamm* comme une place importante, dont les fortifications sont estimées les meilleures de la Perse. Sa vaste citadelle, sur la partie élevée de la place, a des murs très hauts et des tours à chaque angle. L'espace que les murailles renferment est occupé par le palais du gouverneur. On y voit un bazar bien fourni, et des jardins renommés pour l'excellence de leurs grenades. Les villes de *Kermashin*, de *Velasgherd*, et de *Berdachyr* n'offrent que des noms à remarquer.

Il n'en est pas ainsi de la ville d'*Yesd*, située presqu'au centre du royaume, et que les géographes placent, les uns dans l'Yrakadjemi, les autres dans le Kerman. Elle est située sur la route de Kerman à Ispahan, sur les confins d'un désert de sables. Elle est peuplée en grande partie par des Guèbres ou adorateurs du feu, possède des manufactures de tapis et d'étoffes faites de poils de chameau, et est renommée parmi les négocians pour la protection qu'ils y trouvent, et la sécurité dont ils y jouissent. Yesd est la place la plus commerçante du royaume, et le grand marché entre l'Indostan, le Khorassan, Bagdad et la Perse. Le bazar est remarquable par sa vaste étendue et la quantité immense des diverses marchandises dont il est fourni. Les environs immédiats de cette ville produisent, outre des fruits excellens, le plus beau blé de la Perse. De là est venu le proverbe persan, que, pour être heureux, il faut manger du pain d'Yesd, et des fruits de l'Adjerbidjan, boire du vin de Schiraz, et posséder une Géorgienne.

Le *Kohrassan* est une des plus belles provinces du royaume de Perse ; mais la majeure partie en a été détachée par suite des commotions politiques, de façon qu'aujourd'hui le monarque persan ne possède plus que la partie occidentale. Le reste est occupé par les Afghans et quelques tribus errantes de Turcomans. *Mesched*, capitale de la partie persane, n'était dans l'origine qu'un bourg peu considérable, mais le tombeau de l'iman Riza, de la famille d'Ali, y attira un tel concours de peuple, qu'elle est devenue depuis une grande ville que la dévotion des Persans appelle *la cité sainte*. Elle est défendue par une forte muraille flanquée de trois cents tours, éloignées d'une portée de fusil l'une de l'autre. La mosquée, où est le tombeau du saint, atteste, par sa magnificence, la dévotion et la libéralité des Persans. On trouve dans les cours de grands bassins de marbre, et l'intérieur de l'édifice est orné de quantité de colonnes de jaspe, de marbre et de porphyre. Des lampes d'or et d'argent sont suspendues aux voûtes, et les murs sont tapissés de la plus riche mosaïque. L'objet le plus remarquable après la mosquée est un beau bazar qui a une lieue de long, et qui, en raison du commerce considérable que fait cette ville, est abondamment fourni de marchandises de toute espèce. Mesched renferme environ quatre mille maisons et quarante mille habitans. Il s'y fabrique des étoffes d'écarlate et des pelisses fourrées qui sont très recherchées.

Nyschabourg, peu éloignée de Mesched, est une ville ancienne, l'une des plus riches et des plus florissantes du Khorassan. Détruite par Alexandre-le-Grand, elle a été long-temps comptée comme un simple bourg. Cependant elle commence à se relever de ses ruines qui couvraient, dit-on, une enceinte de huit lieues. Aujourd'hui on y voit deux mille maisons, qui renferment quinze mille habitans. Le roi de Perse possède encore *Khélat*, ville natale du fameux Nadir-Schah; *Nesa*, riche en palmiers, en sources, et en tombeaux de saints, et *Rouhi* dans laquelle on compte deux mille maisons.

Nous avons vu célébrer dans cette ville une fête plus curieuse par la fable qui y a donné lieu que par ses cérémonies. On l'appelle *Checel-Camer*, ce qui signifie *coupure de la lune*. Mahomet, disent les Persans, voulant appuyer la base de sa religion par quelque miracle signalé, après l'avoir établie par la force des armes, convoqua trente des principaux incrédules. Il choisit l'époque d'une pleine lune, et les mena un soir à la campagne, où il leur dit de regarder le ciel. Alors levant la main, il fit un mouvement de ses doigts par lequel il coupa la lune en deux pièces. L'une des deux descendit doucement à terre, et Mahomet l'ayant prise, la fit passer par la manche de son bras gauche, après quoi elle remonta vers sa sphère, et se rejoignit à l'autre moitié. Un pareil miracle peut sans doute être mis en parallèle avec celui que fit Josué en arrêtant le soleil dans sa marche.

Les Persans sont généralement bien faits, beaux de visage et d'un tempérament vigoureux : ils ont l'esprit vif, pénétrant et facile; mais leur penchant à l'amour et au plaisir les énerve, les amollit, et étouffe en eux les bonnes qualités. Ils deviennent paresseux, flatteurs, hypocrites. Leur affabilité, leur douceur, leur politesse, ont la vanité et l'intérêt pour motif. Leurs alliances avec les Géorgiennes et les Circassiennes ont contribué à embellir les deux sexes. Les femmes ont communément la physionomie agréable, la taille fine, les yeux noirs et vifs, la peau belle et le teint délicat. Elles aiment la table et la musique. Elles sont enjouées, sensibles à l'amitié, plus sensibles encore aux offenses, et passionnées pour le plaisir.

La noblesse du sang n'est ici qu'un vain titre. Les plus élevés en dignité sont les plus nobles. Cette maxime est celle de tous les Orientaux; c'est peut-être aussi la plus sage, la plus propre à exciter l'émulation. En effet, il vaut beaucoup mieux être fils de ses vertus, que d'illustres aïeux au mérite desquels on ne saurait atteindre. Un des premiers soins de ce peuple est l'éducation des enfans. Comme en Europe on leur enseigne toutes les sciences, avec cette différence qu'en Perse on approfondit la science à laquelle on les applique, et qu'en Europe on s'en tient à la superficie.

Les sciences sublimes tiennent en Perse le premier rang, et ces ouvrages fameux des Aristote, des Archimède, des Hipocrate et des Platon sont en grande réputation parmi les Persans. Ils ont aussi leurs savans dont les écrits en tout genre sont fort estimés. La morale est ce à quoi ils s'appliquent particulièrement. Leurs philosophes ont toujours à la bouche quelque précepte, quelque maxime grave et judicieuse. Les mosquées, les maisons, les portes mêmes sont couvertes et ornées de sentences telles que celles-ci :

« Un homme peut passer pour sage,
« lorsqu'il cherche la sagesse ; mais s'il
« croit l'avoir trouvée, c'est un sot. »

« Trois choses ne se connaissent qu'en
« trois occasions : la valeur dans le com-
« bat, la sagesse dans la colère, et l'amitié
« dans le besoin. »

« Le cœur du père est sur son fils ; le
« cœur du fils est sur une pierre. »

« Quand on vous dira qu'une montagne
« a été transportée d'un lieu à un autre,
« croyez-le si vous voulez ; mais si l'on
« vous dit qu'un homme a changé de na-
« turel, n'en croyez rien. »

Les Persans, malgré leur paresse, ne négligent pas les arts. Les plus estimés chez eux sont l'orfévrerie, la teinture, l'architecture et la poterie. On fait faire chez soi la vaisselle d'argent et les autres meubles ; l'ouvrier apporte ses fourneaux, ses outils, et établit son atelier partout où on le place. L'architecture persane n'est pas comparable à celle des Européens, mais leur teinture l'emporte sur celle de tous les pays du monde. Rien n'est beau comme ces couleurs vives, ces nuances, ce lustre qui se remarquent sur leurs étoffes. Ils sont surtout habiles dans la broderie, ils savent aussi imprimer en or et en argent. On voit dans leurs fabriques des choses magnifiques en ce genre, et l'on a de la peine à distinguer les brocards d'or dont les fleurs et les figures sont brodées, d'avec ceux où elles ne sont qu'imprimées. On vante aussi, non sans raison, les manufactures de porcelaine de Perse, qui sont en très grand nombre à Ispahan. On en fabrique aussi dans presque toutes les autres villes. La plus estimée vient de Schiraz et de la Carmanie. Quant aux autres arts mécaniques et libéraux, ils sont, à peu de chose près, les mêmes qu'en

Europe, à l'exception de l'horlogerie, de l'imprimerie, de la sculpture et de la peinture.

L'histoire et la géographie se bornent, pour la presque totalité des Persans, à ce qui regarde leur pays propre, et ils ne paraissent pas se soucier de pousser leurs connaissances au delà de cette sphère. Il en est beaucoup qui n'ont qu'une idée vague des royaumes de France, d'Espagne, et d'Angleterre, encore plus à qui les contrées du Nouveau-Monde sont tout-à-fait inconnues. Les Persans, dont le commerce au dehors est fort borné, n'ont pas cette curiosité qui porte les Européens à entreprendre des voyages longs et dans des pays lointains. Trop occupés des plaisirs des sens qui les abrutissent, ils ne conçoivent pas qu'on se hasarde à parcourir des contrées immenses sans autre motif que celui de l'intérêt.

Le turc est la langue la plus commune en Perse; parce que les soldats étant presque tous originaires de Turquie, ceux qui les commandent, et conséquemment les grands, apprennent cet idiome, qui passe de la cour à la ville, et se répand dans les provinces. L'arabe est la langue des sciences et des savans, c'est aussi celle des ecclésiastiques et des jurisconsultes, parce que l'Alcoran, qui est le grand livre de la jurisprudence persane, est écrit en arabe. On emploie le langage du pays dans les actes publics, et dans les ordonnances du prince. Un proverbe dit que « le persan « est propre à flatter les hommes, le turc « à les reprendre, l'arabe à les persuader; « que le serpent qui séduisit Ève, par « son éloquence, parlait arabe; qu'A- « dam et Ève s'entretenaient de leurs « amours en persan, et que l'ange qui les « chassa du paradis leur parla turc. »

On se sert de la langue persane dans la poésie, qui est rimée et cadencée, et dont l'objet est presque toujours l'amour et les femmes. Tout Persan est poète dès qu'il sait aimer, et il aime dès qu'il a l'usage de la raison. On ne permet pas aux femmes de s'appliquer à la poésie; de là ce proverbe très peu galant : « Si la poule « veut chanter comme le coq, il faut lui « couper la gorge. » Les Persans font peu de cas de l'art du chant et de la danse, et cependant ils ont d'assez bons musiciens; le chant est gai, délicat, passionné, comme la poésie; les instrumens ordinaires sont le luth, le violon, la harpe, la guitare. Il est surprenant qu'un peuple qui aime tant le plaisir, ne sache pas apprécier les arts qui en font le principal assaisonnement.

Les sciences les plus révérées des Persans, celles qui mènent plus sûrement à la gloire et aux richesses, sont l'astrologie judiciaire, l'astronomie et la médecine. Ils ont tant de vénération pour la première, qu'ils n'entreprennent rien sans avoir auparavant consulté quelque astrologue. Le roi en a toujours plusieurs à sa cour, qui le suivent partout. Le peuple paraît avoir une confiance aveugle dans leurs prédictions. Les médecins jouissent également d'une grande considération, aussi sont-ils les plus riches après les astrologues.

Le despotisme règne en Perse, comme dans toutes les autres contrées de l'Asie. Les grands, qu'un joug si rigoureux accable, se font honneur de leur servitude; le peuple, que sa position met à l'abri des orages, respecte et chérit son roi. En vain les prêtres se prétendent les dépositaires de l'autorité suprême, et soutiennent que la royauté ne doit point être séparée du sacerdoce, sous le prétexte que Mahomet était roi et pontife en même temps. Leurs discours font aussi peu d'impression sur les esprits, qu'en feraient aujourd'hui en Europe, des prétentions semblables, tant de fois renouvelées par le clergé romain. Mais (ce qu'on ne fait pas toujours en Europe) les rois de Perse, qui ont reconnu le danger de ces maximes séditieuses, ont éloigné les prêtres des principaux emplois du ministère. La couronne de Perse est héréditaire; les seuls enfans mâles y ont droit, et l'aîné des fils succède ordinairement à son père. Cependant le roi a droit de choisir pour successeur celui de ses enfans qu'il aime le plus. Aussitôt que le nouveau monarque est monté sur le trône, il fait arracher les yeux à ses frères, à ses oncles et à tous leurs enfans mâles.

Les souverains de Perse ne se croient souverains que pour se livrer aux plaisirs et à la mollesse ; en conséquence ils se déchargent du poids des affaires sur un grand visir, ou premier ministre. Celui-ci a l'inspection sur les magistrats, et les affaires civiles et criminelles, finances, commerce, militaire, tout passe par ses mains. Cinq ou six autres ministres d'état, dont chacun a un département particulier, forment une espèce de conseil, dont le grand visir est le chef ; mais les décisions qui en émanent ne reçoivent d'exécution qu'autant que le sérail ou le conseil des femmes et des eunuques n'en ordonne pas autrement. Les provinces ont à leur tête des gouverneurs qui sont autant de petits souverains, qui ont, chacun dans leur capitale, une cour souvent magnifique et nombreuse.

Les punitions infligées aux criminels sont généralement barbares. La bastonnade est la plus usitée ; mais lorsqu'un coupable est condamné à mort, le supplice le plus ordinaire est de lui fendre le ventre. Les autres genres de mort sont d'empaler, de couper les mains et les pieds, et de laisser mourir lentement le coupable, après cette mutilation ; d'enterrer un individu jusqu'au cou dans une fosse remplie de plâtre ; ou de lui faire sur la peau des incisions plus ou moins nombreuses à travers laquelle on passe de petites mèches allumées qui s'alimentent de la graisse du corps, et le brûlent à petit feu. Mais les tribunaux ne sont rigoureux que pour les pauvres. L'argent a le même pouvoir en Perse qu'en Europe. A la vue de ce métal, les lois se taisent, la justice s'endort, l'autorité se dépouille de ses droits. Ainsi le criminel opulent marche le front levé; le coupable indigent est le seul qui expie dans les supplices son crime et sa pauvreté.

On suit en Perse, comme en Turquie, la religion de Mahomet, que ces deux peuples regardent comme le véritable prophète, l'envoyé de Dieu. Ils ont un égal respect pour l'Alcoran, mais ils ont en horreur Abubeker, Omar et Osman qui sont vénérés par les Turcs. Ils détestent surtout Omar, qu'ils maudissent par principe de piété. Ali, neveu et gendre de Mahomet, est regardé par les Persans comme le véritable héritier et le successeur du prophète. Ils ont le plus profond respect pour ses descendans qu'ils appellent *imans*, et disent que le douzième et dernier iman, nommé Mahomet Medhi, disparut de dessus la terre, et reviendra un jour prendre possession de l'empire. Ils l'attendent en effet, comme les juifs attendent le Messie, et ils tiennent en tout temps dans les principales villes de Perse, des chevaux sellés et bridés pour le recevoir. Cette diversité de sentimens cause une inimitié invincible entre les Persans et les Turcs, et prouve que le fanatisme est le plus cruel fléau des empires. Du reste les Persans n'ont point, pour les autres cultes, ce mépris insultant, cette aversion brutale, que l'on remarque dans les états du grand-seigneur. Ils tiennent pour maxime que les souverains doivent une justice égale aux peuples qu'ils gouvernent, et qu'il n'appartient qu'à Dieu de diriger les consciences.

Les forces militaires de la Perse sont composées de trois corps de troupes : de milices, de kourtches et d'esclaves. Ces derniers sont entretenus aux dépens du roi, et sont presque tous Géorgiens et étrangers. Les kourtches sont les descendans des anciens Tartares, qui soumirent la Perse sous Tamerlan; ils sont tous pâtres, et endurcis aux travaux de la campagne. Le corps des milices est le plus considérable au moins par le nombre. Ce sont les troupes que les gouverneurs entretiennent pour la garde et la sûreté des frontières.

La situation avantageuse de cet empire, entre le golfe Persique et la mer Caspienne, devrait, ce semble, rendre sa marine très florissante; mais elle y est entièrement négligée, et l'exemple des Européens qui commercent dans toutes les parties du monde, n'a pas encore pu engager les Persans à bâtir des ports, et à construire des navires.

Avant de quitter la Perse, je dois vous faire connaître un état voisin de cette ancienne monarchie, formé de ses débris, et dont les peuples, autrefois ses vassaux, ont profité de sa faiblesse pour se rendre indépendans. Ce n'est point ce que l'on appelle communément un état régulier ; on n'y reconnaît ni les formes monarchiques, ni celles républicaines. C'est tout simplement un ramas de brigands à peu près sans lois et sans mœurs, vivant dans une indépendance absolue, et se réunissant au besoin pour la défense commune sous l'autorité momentanée d'un chef qu'ils appellent khan, et auquel ils cessent d'obéir dès que le danger est passé. Le nom général du pays est *Beloutchistan* ; mais il est composé de peuplades diverses dont les mœurs, les usages, les habitudes sont différens.

Je ne vous parlerai pas de ces peuples d'après ma propre expérience, car je vous avoue que, malgré la curiosité naturelle qui nous portait à les visiter, nous n'avons pas osé nous hasarder dans ce pays barbare ; mais les renseignemens qui nous ont été donnés suffisent pour en parler sciemment. En effet, il est peu de Persans parmi les gens instruits, et surtout parmi ceux qui avoisinent ces peuplades, qui n'en aient une parfaite connaissance. Ainsi nous pouvons nous flatter d'avoir puisé les renseignemens dans la source même.

Le *Béloutchistan* est borné au nord par le Sedgistan et l'Afghanistan; à l'ouest par le Kerman et le Laristan, provinces de Perse; à l'est, par une partie du Sindhy et du Chikarpour, qui appartiennent au royaume de Caboul; et au sud par l'Océan indien. Cet état se compose des provinces de Djhalouan et de Saraouan, ainsi que du district de Kélat, du pays de Mékran et de Lotsa; de la province de Kotch-Gondava et du district d'Herrend-d'Adget; du Kouhistan, pays des Beloutchis et d'un désert inhabitable.

Le *Djalouan* et le *Saraouan* sont deux provinces montagneuses où les saisons sont partagées, comme en Europe, en printemps, été, automne et hiver. Cette derniere saison, qui commence en octobre, est la plus longue de l'année. La chaleur en été n'est jamais assez forte pour être incommode, ni même désagréable, excepté vers la fin; mais en hiver, le froid est extrêmement vif et accompagné d'un vent de nord qui, soufflant sans relâche, même durant le printemps, donne lieu à des chutes de neige très abondantes.

Les monts *Brahouiques*, ainsi nommés de la peuplade qui habite ce canton, sont la souche principale de la plupart des autres montagnes; mais ils l'emportent sur toutes en étendue et en élévation. Cette chaîne atteint à Kélat sa plus grande hauteur, qui n'est pas inférieure à celle des montagnes les plus élevées de l'Europe. On pense ici qu'elles sont les plus hautes et les plus étonnantes qui existent sur la surface du globe.

La province de *Djalouan*, la plus grande de ce pays, ne compte que deux villes; *Zéhry*, la plus vaste, renferme trois mille maisons défendues par un mur de terre. *Khordar*, située dans une vallée, environnée de montagnes, n'a que cinq cents maisons. La province de *Saraouan* n'a ni villes ni villages. C'est dans le district de *Kélat* que se trouve la seule cité qui mérite quelque attention. Elle porte le même nom que le district, et est la capitale de tout le Beloutchistan. Cette ville, située sur une hauteur, forme un carré dont trois côtés sont ceints par un mur de terre, haut de vingt pieds, et flanqué par intervalles de bastions qui, ainsi que les murs, sont percés d'un grand nombre de sarbacanets pour la mousqueterie. La défense du quatrième côté de la place est formée par le flanc occidental de la montagne sur laquelle elle est construite en partie et coupée à pic.

Sur le sommet de l'éminence est le palais du chef de Kélat, Beglerberg de tout le Beloutchistan. On compte dans la ville près de deux mille cinq cents maisons, et autant dans les faubourgs. Elles sont bâties en briques à moitié cuites et en charpente. Les rues, généralement plus larges que celles des villes édifiées par les Asiatiques, ont de chaque côté des trottoirs pour la commodité des gens de pied, et dans le milieu un ruisseau découvert où l'on jette quantité d'immondices qui, réunies à l'eau de pluie qu'elles y arrêtent et qui y séjourne, produisent une odeur aussi incommode que désagréable. Kélat possède un bazar vaste et bien fourni de marchandises de toute espèce.

Le *Mékran,* province fertile en riz, en orge, en froment et en coton, a pour capitale *Kedj,* qui entoure de trois côtés un fort bâti sur un rocher escarpé, au-dessous duquel coule une rivière appelée Desty, et dont la force naturelle fait dire aux habitans qu'il est imprenable. Kedj est l'ancienne Gédrosie dont les côtes étaient habitées par les Ichthiophages. La province de *Lotza* a pour ville principale Béla, sur la rive droite du Pouzally. Ses rues sont étroites et ses maisons au nombre de deux mille, dont trois cents sont habitées par des Indous. Elle est enceinte d'un mur construit en terre. Un très beau bazar est le seul édifice digne de remarque. Le *Kotch-Gondava* renferme plusieurs villes dont la principale est *Gondava*, qui est moins grande, mais plus régulièrement belle que Kélat. Elle est, comme toutes celles du pays, environnée d'un mur de terre. Le khan y a un palais qui ne mérite aucune description. *Tebbes* ou Tabas, chef-lieu du Kouhistan, se compose de quinze cents maisons, et n'a rien de remarquable.

Le Beloutchistan est généralement couvert, surtout dans sa partie orientale, de nombreuses chaînes de montagnes qui ne contribuent pas à la fertilité du pays. Les plaines qui les séparent sont composées de sable et dénuées de végétation. On n'y rencontre pas une seule rivière qu'un cheval ne puisse traverser sans avoir de l'eau au-dessus du genou. Cependant on cultive dans cette contrée toutes les espèces de grains connus dans l'Indostan, tels que le riz, le froment, l'orge, le sorgho, le mungo, le maïs, la vesce, l'ourad, espèce de pois, le sésame, pois chiche, et une infinité d'autres. On y recueille aussi une assez grande quantité de plantes potagères, des navets, des carottes, des choux-fleurs, des fèves, des radis, des ognons, des concombres. La garance, le coton, et l'indigo qui passe pour supérieur à celui du Bengale, et se vend plus cher, sont encore des productions du Beloutchistan. On y trouve aussi de l'or, de l'argent, du fer, du cuivre, de l'étain, de l'antimoine, du soufre, de l'alun, du sel ammoniac, et plusieurs autres espèces de sels fossiles, tels que le salpêtre, etc.

Les animaux domestiques consistent principalement en chevaux, ânes, mulets, dromadaires, chameaux, buffles, bœufs, moutons à queue grasse, chèvres, chats, chiens, poules et pigeons. Parmi les animaux sauvages on distingue les lions, les tigres, les léopards, les hyènes, les chakals, les loups, les onces, les chiens sauvages, les renards, les lièvres, les bouquetins, les antilopes, les daims, les cerfs, les élans et les ânes sauvages. Les oiseaux de proie sont les aigles, les milans, les vautours, les faucons et les hérons. De toutes les bêtes féroces naturelles à ce pays, l'hyène est la seule qui attaque l'homme, encore ne le fait-elle que lorsqu'elle y est poussée par la faim. Mais cet animal est si vorace qu'on prend toutes sortes de précautions pour éviter sa rencontre.

Le peuple qui habite cette contrée est divisé en deux classes principales nommées Beloutchis et Brahouis. Chacune d'elles est partagée en une multitude de tribus. La physionomie de ces deux classes n'offre pas moins de différence que leur langage;

mais pour parvenir à les bien distinguer, il faut qu'on les observe chez des individus de race pure, autrement les mariages contractés dans ces deux espèces ont dû y apporter quelque ressemblance. Les tribus jouissent du droit d'élire leurs chefs, mais cette fonction une fois attribuée à un individu devient héréditaire. Le khan de Kélat se réserve le pouvoir d'approuver ou de rejeter ce choix. La faculté de déclarer la guerre et de conclure des traités, pour tout ce qui concerne le Beloutchistan, appartient au khan, et les Serdars n'ont point l'option du choix pour l'aider de leurs troupes. Cet état peut mettre cent mille hommes sur pied.

Les Beloutchis tiennent le brigandage en honneur, mais ils ont du mépris pour les petits vols. Ils partent en troupe pour effectuer un *tchipao* ou pillage; chaque homme a sous sa direction une douzaine de chameaux. Ils parcourent ainsi près de quatre-vingt-dix milles par jour, jusqu'à ce qu'ils soient près du théâtre de leurs opérations. Alors ils placent leur équipage dans un endroit peu fréquenté. A minuit, ils fondent sur le village désigné, y mettent le feu, tuent ou emmènent les hommes, les femmes, les enfans et les troupeaux. Ils nouent un morceau de toile sur les yeux de leurs prisonniers, et les attachent sur leurs chameaux, afin qu'ils ne puissent pas reconnaître la route pour retourner chez eux.

Les divertissemens de ces peuples consistent à tirer au but, à se battre avec des gourdins, à lutter, à s'exercer au maniement du sabre, à jetter la lance, toutes choses auxquelles ils sont merveilleusement habiles. Le soldat beloutchi, complètement armé, est hérissé d'armes. Il a fusil à mèche, sabre, lance, dague, bouclier, poire à poudre, giberne avec balles, pierres à fusil, enfin tout l'appareil d'un combat à mort. Quand il n'est pas occupé, il s'abandonne à une nonchalance la plus complète ; il passe son temps à jouer, à fumer ou à mâcher de l'opium. L'ivrognerie est inconnue dans cette contrée. Le Beloutchi est, comme tous les peuples grossiers, très hospitalier. Dans chaque village il y a un *mehman-khané* (maison des hôtes), où l'étranger non seulement est en sûreté, mais devient l'objet des égards et de l'attention de tous.

Comme beaucoup de peuples de l'Asie, les Beloutchis aiment les mets fortement assaisonnés ; ils portent même ce goût à un excès singulier, car ils font leurs délices de l'*assa-fœtida* qu'ils font cuire dans du beurre ordinairement rance. Ce mets, dont ils sont pour ainsi dire friands, a une odeur insupportable, surtout quand la plante est fraîche, parce qu'elle est plus forte et plus nauséabonde que celle que l'on reçoit en Europe.

La surface du grand désert, différente de celle des déserts de l'Arabie et de l'Afrique, a quelque chose de plus formidable encore. Les particules sablonneuses y sont si légères et si ténues que, mises dans la main, elles sont à peine palpables. Poussé par le vent, ce sable forme des monticules dont un côté est presque perpendiculaire, et semble de loin être un mur en brique, à cause de sa couleur rouge. Le côté exposé au vent présente au contraire une pente douce; le voyageur est réduit à trouver son chemin dans l'espace creux ou ravin que les rangées de ces monticules laissent entre elles. Il est très difficile de traverser ces chaînons, surtout quand il faut gravir sur le flanc escarpé. On échoue souvent dans cette entreprise, et l'on est obligé de chercher à tourner toutes ces montagnes, qui ont de dix à vingt pieds de hauteur. Les chameaux escaladent assez aisément le côté en pente. Leurs larges pieds les empêchent d'enfoncer profondément; lorsqu'ils sont parvenus au sommet, ils plient les genoux, et se laissent glisser en bas avec le sable. Le premier ouvre ainsi une brêche par laquelle passent les autres. Elevé en l'air, ce sable donne à l'atmosphère l'apparence d'une vapeur sombre; il pénètre dans la bouche, les yeux et les narines, y cause une irritation douloureuse, et augmente le tourment de la soif.

Ce moment est accru par le phénomène du séhrab ou mirage qui, de toutes parts, présente au voyageur altéré l'image de lacs d'eau limpide qui réfléchit distinctement les objets environnans. On rencontre souvent des rivières à sec, et des villages que la disette a fait abandonner. Il tombe quelquefois pendant une demi-heure des torrens de pluie qui sont absorbés à l'instant par la terre à mesure qu'ils la touchent, et sont accompagnés d'une rafale violente. Ces bourrasques surviennent si brusquement, qu'on a peine à s'en garantir, si l'on ne connaît pas les symptômes qui les présagent. Ce que l'on peut faire de mieux dès qu'on les aperçoit, est de descendre de chameau, afin de se mettre à l'abri derrière l'animal; la largeur des gouttes de pluie est étonnante. Ces orages, qui incommodent momentanément, ont l'avantage de purifier et de rafraîchir l'air. Le samoum ou vent pestilentiel se fait aussi sentir dans ce désert, et y cause des effets aussi désastreux que dans le Sahara en Afrique.

C'est à l'extrémité de cette région inhospitalière, que se trouve le *Mekran*, dont nous avons déjà parlé. Cette contrée est habitée, de même que le Beloutchistan, par des brigands qui sont bien plus brutaux que ceux de ces derniers pays. Les *Louris*, entre autres, se livrent à des actes de dépravation à peine croyables. Non contens de piller, ils égorgent de sang froid leurs ennemis pour la plus légère injure. C'est une race de vagabonds adonnés à tous les vices et aux plaisirs les plus grossiers. Ils ne connaissent pas les liens du mariage; chez eux les femmes sont en commun; rarement ils ont des enfans, ce qui les porte à voler de petits garçons et de petites filles, à qui la force de l'exemple fait adopter leur infâme genre de vie.

TABLE

DES LIEUX, DES PERSONNAGES ET DES CHOSES REMARQUABLES DANS LE TOME SECOND, CONTENANT L'ARABIE ET LA PERSE.

ARABIE.

ROYAUME DE PERSE.

FIN DU TOME SECOND.

www.ingramcontent.com/pod-product-compliance
Lightning Source LLC
LaVergne TN
LVHW010547110826
845149LV00003B/588
9782013631358